古今人物谭

辨 是 非

来新夏　著

2017 年·北京

图书在版编目(CIP)数据

辨是非 / 来新夏著. —北京：商务印书馆，2016
(2017.2重印)
(古今人物谭)
ISBN 978-7-100-11127-0

I.①辨… II.①来… III.①历史人物—人物评论—中国—近代 IV.①K820.5

中国版本图书馆 CIP 数据核字(2015)第 049762 号

所有权利保留。
未经许可，不得以任何方式使用。

古今人物谭
辨是非
来新夏 著

商 务 印 书 馆 出 版
(北京王府井大街36号 邮政编码100710)
商 务 印 书 馆 发 行
三河市尚艺印装有限公司印刷
ISBN 978-7-100-11127-0

2016年3月第1版	开本 787×1092 1/32
2017年2月北京第2次印刷	印张 7 3/8

定价：48.00元

前　言

人物是历史的灵魂，是推动历史发展的动力，是演绎世间百色斑斓现象的角色。当我们研读和交谈历史时，很难避免言及人物。我读过一些史书，也记住一些情节故事，写文著书时，不断引用。日常生活，也常以人为镜，校正得失。于是，养成一种好谈古今人物的癖好。

十几年前，常有些学生和亲属晚辈来"邃谷"，谈天说地。最多涉及的仍是历史人物。有时谈人物的生平遭遇，有时论人物的功过是非，有时述所见所闻。虽不能像东汉末年许劭那样作"月旦评"，但事后陆续把所谈内容写录保存。文字虽然粗糙简略，不过往往集中人物某一特点，尚有会心，于是操笔删定，藏之箧柜。日积月累，积有成数，乃分别编为《明耻篇》（"中华文化集粹丛书"）及《只眼看人》等二种，付之剞劂问世。历时十余年，二书已在市肆难求。适丁波兄邀稿，为普及古今人物事迹，乃以二书为本，从中选用若干篇，益以新作，合成"古今人物谭"丛书。

丛书分三册，以时代划分为古代、近代与当代，以人物重点事迹为中心，文章或长或短，不拘形式。唯所述皆事有根据，文有出处。文字力求浅近，可供中等文化水平人士随时阅读。三册各有命名，第一册名《评功过》，为古代部分，即自上古至鸦片战争前的清朝止；第二册名《辨是非》，为近代部分，是活动于1840年至1949年间并卒于1949年前的人物；第三册名《述见闻》，所收为卒于1950年后的人物。每册约在十万字左右，开本小巧，便于读者携带与阅读。

这三本书中所收各篇，大多是旧作，因年高精力衰退，无能重作。有少数几篇是近年新作，一并合在一起。各篇多保持当年面貌，与读者共享重温之乐。所有不足之处，统祈谅察。

2013年中秋写于邃谷

行年九十一岁

目　录

笔记作家梁章钜　1

自制望远镜的郑复光　16

青史凭谁定是非——林则徐晚年　20

姚莹的边疆史地研究　25

徐寿的生平与成就　31

李慈铭和他的游记　42

陆心源与皕宋楼　46

刘铭传与台湾开发　60

黎庶昌与日藏汉籍的回归　74

徐树兰与古越藏书楼　77

陈作霖与金陵文献　90

胡燏棻小站练兵　100

王先谦的功过　104

能受天磨真英雄——评说张謇　109

严复——社会转型期的矛盾人物　116

评说汤寿潜　128

南开校父严修　139

唐绍仪之死　149

梁启超与《中国历史研究法》及其《补编》 153

吴佩孚开府洛阳 165

蹈海取义陈天华 179

以"破伦"精神藏书 185

通俗史学家蔡东藩 194

悲欣交集李叔同 205

袁寒云和宋版书 213

徐志摩和他的日记 216

一代译才朱生豪 226

笔记作家梁章钜

清代乾嘉时期，福建除了声名显赫的林则徐外，同时代还有一位值得重视的历史人物，那就是梁章钜。梁章钜比林则徐大十岁，而比林则徐早逝一年，应该说是同一时代的人物。他们同在鳌峰书院学习，同样经过科举道路走上仕途，同样官至封疆大吏，同样参加过宣南诗社的活动，只不过梁章钜没有像林则徐那样声名显赫，在立功上有些暗淡。但是梁章钜在立言上的著述事业却超过了林则徐而受到人们的注意。

梁章钜字宏中，又字茝林，晚号退庵，福州人。清乾隆四十年（1775）生，道光二十九年（1849）卒，年七十四岁。嘉庆七年进士，时年二十八岁。历任礼部主事，军机章京，礼部员外郎，湖北荆州知府，江苏、山东、江西按察使，江苏、甘肃布政使，广西、江苏巡抚等官。著述甚富，有《夏小正通释》一卷、《论语旁证》二十卷、《三国志旁证》十卷、《师友集》

十卷、《退庵所藏金石书画题跋》二十卷、《称谓录》三十二卷、《藤花吟馆诗钞》十卷、《退庵诗存》二十五卷、《文选旁证》四十六卷、《南浦诗话》八卷等，均见诸著录，为后世文史研究提供参考。而他一生赓续不断，所写的多种笔记更使他为后世所瞩目，并在清代笔记作家中，占有一席之地。

清嘉庆十年，梁章钜在任礼部仪制司主事时，曾结合工作，辑录有关礼部典制，纂成初稿四卷，送给上官谢振定审读。谢振定素有直声，在任巡城御史时，曾当街烧毁和珅坐车，时人称为烧车御史。谢振定读了梁稿以后，因礼部通称南省，所以为这部初稿题名为《南省公余录》，并写序述成书缘由：

> 余初入礼署，于故实多所未谙，而君则于判稿余闲，专以考究职业为务，随所遇而敷以文辞。每得一条，辄以余为可与道古者，殷殷相质，不特余获稽古居今之助，实有同官老辈所未及详者。乃不数月，而条举件系，裒然成帙矣。余读而喜之，题其卷端曰：《南省公余录》，怂恿付梓以广其传，而君未之许也。

谢氏于梁章钜为前辈而关注如此。当时梁章钜正以

"微疾乞归",谢氏于序末又期待其"他日拓成巨编,还朝相质,余尚当操笔从之而先述其缘起"。梁章钜没有辜负前辈的期望,经过陆续增订,终于成为八卷本,即今通行本。

是书八卷,皆记有关礼部职掌、典制及轶闻等。卷一记有关礼部专著,礼部职掌及地位,与太常、鸿胪、光禄各寺之隶分关系,乐部之乐章、乐器等;卷二记祭祀、陵墓;卷三记朝贺、舆卫、服饰及婚礼等;卷四记科举制度、学政、考官题名与掌故;卷五记谥典,有关谥法掌故及印制;卷六记军礼、朝贡及册封等;卷七记礼部官员之掌故轶闻;卷八录明以来礼部各司题名及礼部仪式。内容颇富,可资研讨礼部官制之用。是书有《二思堂丛书》本、《笔记小说大观》第四辑本。

道光十七年梁章钜完成《退庵随笔》一种。他在自序中解释了随笔的定义,说:

> 《退庵随笔》者,随所见之书而笔之,随所闻之言而笔之,随所历之事而笔之,而于庭训师传,尤所服膺,借以检束身心,讲求实用而已。初无成书义例也。日月既积,楮墨遂多,里居多暇,方取而整比之,以类聚,以卷分,

则凡可以劝善黜邪，订讹砭惑者，咸具焉。

《退庵随笔》共二十二卷，分十五门。凡躬行、交际、学殖、家诫、摄生、知兵、读史、学文、学字各一卷；官常、家礼、读经、读子、学诗各二卷；政事三卷。卷首有《退庵自订年谱》，自记至道光二十四年七十岁止，缺卒前五年记事，但亦可借以知其生平。书前有贺长岭序，誉此书可与《通鉴》相经纬，未免过甚。贺氏为嘉道时经世名家，似不应如此作文。另有阮元、何凌汉序，二人皆为名家，而序中多谀辞，不足观。为人作序本不当虚谈溢美，而应实事求是，为人导读，方为正道。《退庵随笔》主要记其仕历所经和读书所得，虽不免有迂腐说教之论，但亦有揭示时弊、抒发见解、征文考献之说。如世人皆以地方学官为清贫之位，而是书卷五《官常》二却揭其弊说："不核其才望，不责其训课，以学校为恤老怜贫之地，以司铎为投闲置散之官，甚至索赘见，勒节规，而不复问教学何义，谕训何事？为州县者遂从而外之，此庸恶陋劣之讥所由来也。"同卷尚有论县令、胥吏之弊多则，亦可见当时吏治之腐朽。

是书尚引录时人名言谠论，如卷七《政事》二引学者陈鳣之论嘉道时社会之崇洋风气称："房屋舟舆，无不用玻璃；衣服帷幕，无不用呢羽；甚至食物器具，曰洋铜、曰洋瓷、曰洋漆、曰洋锦、曰洋布、曰洋青、曰洋红、曰洋貂、曰洋獭、曰洋纸、曰洋画、曰洋扇，遽数之不能终其物……其始达官贵人尚之，浸假而至于仆隶舆台，浸假而至于娼优婢嫔。"

卷十一《家诫》又引乾隆四十六年大理寺少卿刘天成疏陈风俗奢靡之弊，称："京师为万国衣冠之会，属在缙绅，自应章身有度。乃至优人隶卒，僭肆豪华；胥吏工商，妄夸锦绣；园馆茶楼，一日动辄数日之需；浪子酒徒，一人每兼数人之用。甚至齐民妇女，珠翠盈头；奴婢绞罗遍体，缎履朝靴，仅供奔走之物；狐裘貂帽，亦隶愚贱之身。"

类此资料，此随笔中尚多有可采者。是书虽好做议论，尚不失为可用之书。颇胜于谈奇志怪之作。

《退庵随笔》有三种刻本：一、二十卷本。道光十四年辑成，十六年李廷锡刻于陕西，《贩书偶记》卷十一著录。二、二十二卷本。增改于道光十七年任广西巡抚时，道光十九年付梓。此本先经阮元增删，又由撰者勘补扩为十五门二十二卷，撰者自订年谱作二十四卷，实则为二十二卷，或始拟增为二十四卷而未果。《贩书偶记》卷十一著录此书，并注称："即阮云台增删本，较他刻本《官常》、《政事》二类各增一卷，余者或删或增，甚多不同。"三、同治十一年，撰者之子梁恭辰合陕西、广西二本版片，补其残缺，合二为一，重刊为二十二卷本。今《清代笔记丛刊》即据此本刊行。

《归田琐记》八卷，为梁章钜退归林下之作。卷一第一条《归田》，即撰者道光二十五年元旦所撰自序。自序记其撰书缘由称："余于道光壬辰，引疾解组……越四年，奉命复出。又七年，复以疾引退，侨居浦城。养疴无事，就近所闻见，铺叙成书，质实言之，亦窃名为《归田琐记》云尔。"

"道光壬辰"为十三年，"越四年"为十七年，"又七年"为二十四年，而自序系写于二十五年元旦，则是书当撰成于道光二十四年无疑。卷首有道光二十五年冬十二月许惇书序。许为撰者门人，受命校雠刊行事，则是书当刊成于道光二十五年底。

是书分八卷，卷内各段均有标题，书前有总目录，颇便检用，唯各卷内容较杂。如卷一既记园林、藏书楼及器物，又多记民间验方。卷二《致刘次白抚部（鸿翔）书》条，载撰者道光二十二年致时任福建巡抚刘鸿翔的信。指摘刘允许英人入居福州城内乌石山积翠寺之事，为轰动一时的大事。此函亦流传较广，可以见当地士绅之态度。其《炮说》与《请铸大钱》二条与当时武备、钱法有关。卷三记有人物、名胜、书画等事。而《麻沙书板》条录自礼部志稿中，记建阳刻书故事，可备探讨版本之参考。卷四记闽籍人物黄宗周、洪承畴、李光地、陈梦雷等人事迹，并及当地科第盛事。卷五记鳌拜、噶礼、隆科多、年羹尧、讷亲、胡中藻、和珅等人故事。所记详明，如胡中藻之文字狱、和珅之抄家清单皆可备史助。卷六记纪晓岚、刘墉、朱珪等人逸事及读书作序等事。其《已刻未刻书目》记个人著作，虽数量较多，但亦未能概其全部。卷七记议论三国、封神、世间俗事、俗语及菜谱。其《清客》一则，尤有妙趣，录以资谈助云：

> 都下清客最多，然亦须才品稍兼者，方能自立。有编为十字令者曰：一笔好字，二等才情，三斤酒量，四季衣服，五子围棋，六出昆曲，七字歪诗，八张马钓，九品头衔，十分和气。有续其后者曰：一笔好字不错，二等才情不露，三斤酒量不吐，四季衣服不当，五子围棋不悔，六出昆曲不推，七字歪诗不迟，八张马钓不查，九品头衔不选，十分和气不俗，则更进一解矣。

似此，作为清客，亦非易事，而具此十长，又为何甘沦于清客？盖难守寂寞而日谋寻乐于热闹场中耳！视今之奔竞趋奉于大款、大蔓左右者，或十长不得一二，则纯为势利之徒，更等而下之矣！

卷八附录撰者晚近所作诗文及他人和作。题曰《北东园日记诗》，有短语弁首云：

> 早年向学，中岁服官，日必有记，用资稽考。自归田后，无所事事，遂辍笔焉。而山中岁月，闲里居诸，亦不忍竟付飘风，漫无省记，间以韵语代之。三年以来，忽忽积成数十首。儿辈喜其语质易晓，而多逸事可传，并乞加注语，以畅其旨，则犹之乎日记云尔。因自题为《北东园日记诗》附入《归田琐记》之余，以待继此随时增加，仍不以诗论也。

是此日记诗乃撰者自记其退居三年以来之行事，可略窥其生平之一隅。所附《锢婢说》、《厚敛说》均言之成理，亦以见撰者对世俗之针砭。

是书有《笔记小说大观》第三辑第三函本，《清代笔记丛刊》本。1981年，中华书局印行点校本，收入《清代史料笔记丛刊》。

继《归田琐记》后，梁章钜又撰写了《浪迹丛谈》十一卷，以后又有《续谈》、《三谈》之作，或可统称为

《浪迹丛谈》三种。梁章钜在《浪迹丛谈》卷一，开宗明义地自述其撰著缘由称：

> 余于道光丙子由浦城挈家过岭，将薄游吴会间。客有诵杜老"近侍即今难浪迹，此身那得更无家"之句以相质考。余答之曰："我以疆臣引退，本与近侍殊科，现因随地养疴，儿孙侍游，更非无家可比。惟有家而不能归，不得已而近于浪迹，或买舟，或赁庑，流行坎止，仍无日不与今铅椠相亲。"忆年来有《归田琐记》之刻，同人皆以为可资谈助。兹虽地异境迁，而纪时事，述旧闻，间以韵语张之，亦复逐日有作。岁月既积，楮墨遂多，未可仍用归田之名，致与此书之例不相应，因自题为《浪迹丛谈》，浪迹存其实，丛谈则犹之琐记云尔。

是书十一卷。卷一记名胜诗作，卷二记扬州名胜，卷三记人物，卷四记官职，卷五记铸钱、开矿、武备、科目，卷六记明人事迹、命名，卷七记巧对杂谜，卷八记医方，卷九记金石书画，卷十说诗，卷十一附个人诗作。内容较丰，有裨参读，但编次不免杂乱。其中卷四《翰林院缘起》条、《大学士缘起》条及《武阶》、《职衔》诸条，均详明可据。卷五《英夷》、《鸦片》两条，与近代史实有关。

《续谈》八卷。是撰者游杭州、苏州、温州等地所著随笔。以记山川名胜、掌故逸闻为主。内容明晰，文字清新，颇堪涉猎。其卷一记苏州灵岩山、狮子林、绣谷、息园等名山园林，记杭州天目山、玉皇山、雷峰塔、保俶塔、苏小小墓等寺院胜景，均娓娓可读。另有记苏州孙春阳南货店一则，言赵吉士《寄园奇所寄》、余怀《板桥杂记》及袁枚《随园食单》诸书中皆载其事，而均不及撰者之"详其始末"，实则此前有钱泳《履园丛话》已详记其事，钱在梁前，而二文又极相似，抑梁氏或录入钱氏《丛话》所记？若此，则梁氏未免有不实而夸之讥。本卷末所附有关案牍文字专用词的解释三十五则，于公文中之专用语皆详其出处而有所诠释，不仅为研究文牍者所需，亦足为今之整理档案者所当读。卷二记温州之行。卷首有《东瓯杂记》一篇，述其赴温之动议，并称"随地随事，笔之于纸间，或辅之以诗，不自知其为老衰，亦聊以存一时之泥爪尔"。所记温州衙署、祠墓、溶洞、楼亭及有关人物逸事，其中《东瓯学派》、《四灵诗派》、《琵琶记》、《荆钗记》等条，皆与当地有关，足备参考。卷三专记游雁荡之事。有《游雁荡日记》一篇，记道光二十八年三月二十三日至二十九日间游踪所及，附录所作记游长歌和诗多首。卷四说酒及食品，其《烧酒》、《绍兴酒》、《沧酒》、《浦酒》等条述各酒缘起及特色。其《燕窝》、《熊掌》、《豆腐》、《面筋》等条，则叙各种食物做法与掌故。卷五论人物。卷六论戏曲及戏中人物，并引据史传相考。卷七、卷八记俗语传闻。如卷七记《百家姓》、《三字经》撰者，为他书所已载，而《风调雨顺》、《国泰民安》、《十二属》、《物故》、《缙绅》等，卷八之《悬车》、《秀才》、《署名加制字》等条，皆考其原始，可供稽考。

《三谈》六卷。系撰者于道光二十九年暮春居留温州时所撰，主要为诗作，并辑录前人著作中之论述。卷一总题为《观弈轩杂录》，取古今著述有关弈之原始及故实，大略已具，读之可为学弈者发蒙。卷二论改元甚详。卷三评人物图籍，正俗语不确。卷四为个人诗作。卷五论酒及食品，类《二谈》卷四所记。卷六为杂说与个人诗作。

《浪迹丛谈》三种均有1984年江苏广陵古籍刻印社本和1981年由陈铁民点校、中华书局《清代笔记史料丛刊》本。

梁章钜在上述六种笔记外，尚有一种名《枢垣记略》的笔记。《枢垣记略》与其他笔记不同，自具特色。其一，笔记一般是综合性著述，内容较杂，而《枢垣记略》则是以军机处各有关问题为中心内容的综合性著述。其二，笔记虽有正续编之作，但作者往往是一人。而《枢垣记略》则初编十六卷为梁章钜原著，五十年后，又有朱智等为之增续十二卷，成二十八卷，但未动门类，仍沿用原书名与原作者。续增者固不失学者风范，以谦抑自守。

《枢垣记略》有两种版本。一是梁章钜编撰的十六卷本，这是撰者于嘉庆二十三年至道光二年间任军机处章京时所纂辑者。据点校者何英芳的出版说明分析，该书内容有四部分来源：一是有关军机处的旧档材料，二是选取与军机处有关人员的诗文，三是咨访故老，记录见闻，四是搜集史料笔记、丛书、地方志中有关军机处人员的生平事迹。根据这些较全面材料，撰者终于较有系统地辑成一部论述有关军机处这一重要机构的著述。此本有梁章钜道光三年在清江浦所撰序，历言成书缘由。全书分《训谕》一卷、《除授》二卷、《恩叙》三卷、《规制》二卷、《题名》三卷、《诗文》三卷、《杂记》二卷，共七门十六卷。并称于道光二年春离任时，将书稿寄请继任者李彦章为之"拾遗正误"，逾年稿还，即以付梓。因军机处为清代雍正以来政府核心所在，颇类唐、宋之枢密，故题名曰《枢垣记略》。全书记事止于道光二年春，刊行则在道光三年秋冬间。与《贩书偶记》著录道光癸未刊十六卷本正合。我未见此本，我所见为天津图书馆藏十六卷本,封面有长白玉麟题"道光五年冬日",似为刊行年份。但书中有道光十五年八月朱士彦撰序,序中言及朱士彦于道光十五年秋与梁章钜相遇于宝应,梁即"出示所纂《枢垣记略》十六卷,粲然成编,并索余一言"。显然朱氏所见当为初刻本,既题五年刊,复有十五年序,实悖情理。疑五年曾有刻本,或五年曾谋刊行而未果,仅请人题封面,直至十五年朱序后始刻成书,仍用原封面。或道光十五年后又有刻本,即增入朱序,但仍用五年封面,遂有此误。未知何者为是?

另一本是军机章京朱智于光绪初年奉恭亲王之命续补之二十八卷本。朱智字茗笙,浙江钱塘人,咸丰元年举人。历任工部主事、军机处章京、通政司副使、大理寺卿、太仆寺卿和兵部右侍郎等官。书前有光绪元年十二月恭亲王授序,言其自咸丰年间入直枢廷以来,十余年间深感《枢垣记略》一书,可资考镜。但成书至其时已五十余年,应有所增益。"爰属章京朱智等详稽档册,依原书体例,重加修辑,其训谕、除授、恩叙、规制、题名、诗文六门,今增十二卷,合原书共为二十八卷"。即《训谕》一卷、《除授》四卷、《恩叙》七卷、《规制》二卷、《题名》五卷、《诗文》七卷、《杂记》二卷。此本仅收梁章钜原序,而不收朱士彦道光十五年序。其续补部分上限接道光二年，下限至光绪元年十二月。

1984年，何英芳曾据二十八卷本进行点校，并由中华书局收入《清代史料笔记丛刊》印行。点校者在《说明》中肯定"《枢垣记略》一书汇载了有关军机处的史料"，正可补清代官书对此记载之不足。又比较十六卷本与二十八卷本之异同，有裨读者。唯其言二十八卷本于"《规制》与《杂记》二类，则未作任何补充"，似欠准确。《杂记》未加续补，在恭亲王序中已明言仅增六类，即明确《杂记》不增补。详校二本，《杂记》确未增一字。至于《规制》则在增补之列——它虽未增卷数，内容确有所增补。续撰者以"又按"、"谨查"等形式增补约十余条，其《规制一》所补较多。二十八卷本尚有增补内容而不增卷数者，如《训谕》一类即是。此或点校者偶有疏忽，未加详校所致。中华本除梁章钜原序及恭亲王续补序外，尚收入道光十五年朱士彦序，使全书有关资料完备，有利参考。

梁章钜除学术著作外，还写了这么多的笔记。这固然和清代许多名公巨卿、文人学者好以笔记作消闲遣闷之具的社会风气有关，但更重要的是他读书写作较勤，又能善采见闻，笔之于册，岁日既久，积稿成册。这些笔记因为内容无所拘束，所以涉及面甚广，如政治事件、典章制度、社会经济、山川景物、风俗民情、诗文逸事、人物臧否等,几乎无所不包。对于了解历史、了解社会,都有很大帮助,成为一个重要史源。又因笔墨比较随意,易于为读者所接受,故其影响所及,往往超出其学术著作。但由于历来多视笔记为小道,将其列于杂家、小说家一类,而未能给以应有的史料地位。而笔记作者在撰著笔记方面的成绩也往往被认为是自我遣兴之作,很少加以论述。如梁章钜这样丰产的笔记作者,难道不应评介其笔记著述的成就,而给以文化史上一定的地位吗?

自制望远镜的郑复光

清代中叶，我国曾出现一些既有丰富的科学知识，又有实际操作技能的爱国科学家。中国第一个自制望远镜的光学专家郑复光就是其中的一人。郑复光字元甫，又字瀚香，号浣香。生于清乾隆四十五年（1780），安徽歙县人。他从青年时期起，就博览群书，善于观察和思考，逐渐精通了数学。他有一个监生的功名，但并没有在学而优则仕的道路上走下去，而是把主要精力倾注于探索科学的奥秘。他漫游了江苏、北京、山西、陕西、江西、广东和云南等地来增广见闻，结交学侣，使学识日益提高和充实。他靠着教读与作幕（在一般官吏手下处理公文和其他事务的人，称为幕府或幕友，不是官职，而是主人邀请的）来维持生活，默默地对一些科学课题进行观察、实验、研究和著述。

郑复光具有多方面的自然科学知识，而最精粹和卓有成就的是对几何光学理论、光学仪器理论和光学仪器的制作方法的研究。他是中国近代史上第一个有成就的光学专家。他开始研究光学是从观察细微事物中得到了启示。大约在道光初年，当他再次到扬州游历时，偶然地观看了一次取灯影戏（类似北方的皮影戏），立即领悟到物、像、镜三者的关系，知道了能够取得物的形象就是因为物可以借助镜来照取的道理。他立即和别人一起研讨，遇有心得就笔录下来。他先后经过十多年的不懈钻研，终于写成了我国近代第一部比较系统地阐述几何光学原理、光学仪器原理和制镜技术的科学著作——《镜镜诊痴》。这个书名表达了郑复光不为人所了解的愤慨。所谓"诊痴"原意是指商贩叫卖自己的次货。用这样一个书名是说自己像商贩那样鼓吹自己这部讲光学原理的书，希望得到人们的理解。这部科学著作共五卷，主要内容有：几何光学中若干基本原理，制镜材料的类别和十多种光学仪器的制作方法。书中附有插图，还印证了以往笔记杂著中的记载。就拿书中望远镜部分为例，他不仅把窥筒远镜、观像远镜、游览远镜三种不同镜型的装置制作方法做了具体的描述，还对镜筒、镜架两大部件做了详细说明，并绘制了全镜和部件的图样，使仿制者完全可以按书制作。这部光学著作虽然未能用数学来表达，但用文言所描述的有关几何光学原理、光学仪器原理和仪器制作方法的条件和成果，与现代实验结果对照是完全一致的。这部著作不是只做一般原理的叙述，而是根据当时较高水平的专业知识，对光学原理，特别是对光学仪器的制作进行了比较深刻的阐释，提出了仪器结构的具体制作方案。这证明了他是既懂原理，又能设计制造仪器的光学应用方面的出色工程师。他对所著又经过了几年的修改，才感到"条理粗具"。但限于条件，直到道光二十七年（1847）才被他任教席（教书工作）的那家主人——山西灵石人杨尚文收入其所刻印的《连筠簃丛书》中，成为中国近代科技史上的一份珍贵遗产。

郑复光并不是一个只停留在理论探讨上的学者，还是一个能亲手制作仪器的巧匠。早在道光初年，他已运用自己掌握的科学知识制作了一架完全合乎光学原理要求的测天望远镜。道光十五年（1835），他在北京时，著名学者张穆和他朝夕相处。有一天深夜，正当月亮上来的时候，他就拿出自己研制的望远镜和张穆共同观测月相。他们通过这具望远镜远远地看到月亮中有许多四散的黑点像浮萍的样子在游动。这一现象使张穆情不自禁地欢呼叫绝。这是中国第一架自制的望远镜，可惜未能引起人们的重视。

他除了贡献毕生精力于光学研究外，又改进制作了浑天仪和水车。对天象观测、农田水利建设都起到了重要的推动作用。他又密切地注视和观察周围的各种怪异而不可得解的现象，并加以解释，来破除人们的无知和迷信。他把这些心得写成《费隐与知录》一书。所谓"费"是怪异的意思，"隐"是不明白的意思，这是一部解释怪异难解现象使人了解的著作。全书共二百二十五条，凡天地、日月、星辰、风云、雷雨、霜雪、寒暑、潮汐、水文、冰炭、饮食、衣服、器皿、鸟兽、虫鱼各方面的种种怪现象，他都从物性、地理条件和视觉差异等道理去解释，使之成为一部包罗天文、物理、生物、气象、技能各种学问的著作，有不少则类似实验报告。尽管他的解释不可能尽合现代科学道理，但颇多可取之处。

这样一位有非凡才能的科学家，在当时并未引起社会上的应有重视，致使目前缺乏其比较完整的生平资料，以致其卒年都难以确知。只知道咸丰三年（1853）时尚在世，已是七十四岁的老者了。他孜孜于科学事业的热诚是值得后人崇敬和学习的。

青史凭谁定是非——林则徐晚年

"青史凭谁定是非"是道光二十三年（1843）闰七月十七日林则徐西戍一年后，为送邓廷桢召还所写赠诗中的警句，是一位卓尔不群的民族英雄的内心表露。

林则徐在鸦片战争中的反侵略业绩，彪炳史册，永留芳名，他的无辜失败也令人扼腕痛心。但是，最重要的是林则徐自己并没有甘于这种失败，他要竭尽心力去写自己后半生的历史：他自请到镇海前线去"戴罪图功"，应王鼎之邀到河南去涉险治黄，但他迎来的是更大的打击——遣戍伊犁。恶讯之下，人们惊愕惶恐，嗟叹愤懑。而林则徐却抑制自己内心的万般痛苦，千种愁绪，笑慰众人，于道光二十二年二月毅然走上西戍的道路。西戍的路是一条漫长而艰险的路。他在屡遭打击之下，虽然意志依然，但身体的衰病折磨确已无法抗拒。他拖着衰病之躯，行行停停，用沉重的脚印书写自己的晚年人生。九月初，他行至肃州，为了回复早在伊犁戍所的邓廷桢的来信,在所写赠诗中有句云:"中原果得销金革,两叟何妨老戍边!"表达了他没有过多考虑个人得失,而更关爱的是民众的水深火热。等到出嘉峪关后,实际的道路固然愈来愈崎岖,而他的心路更是触景生情,百感交集。他在《塞外杂咏》第五首中说:

> 沙砾当途太不平,劳薪顽铁日交争。
> 车厢簸似箕中粟,愁听隆隆乱石声。

这首诗表面上看,似是吟咏道路不平,戍途艰难,实际是对小人(沙砾)当道,甚感不安。由于宦海倾轧,自己好像箕中粟那样,任人播弄。即使如此,他还在忧虑那些让整个社会不安定的"乱石声"。而自己则决心从乱石上压过去,一往无前地去迎接更大的困难。

道光二十二年十一月初,林则徐抵达戍所,除了安置生活和一些必要的交往外,他对朝廷仍抱有幻想,以为西戍只是短期的迂回,所以在年底所写《伊江除夕书怀》第四章中,曾表达希望被重新起用的愿望:"新岁倘闻宽大诏,玉关走马报金鸡。"过年以后,他渐渐冷静下来,认清现实,对前途感到茫然,透露出"入关之期,亦不可预料"的无奈。于是,他更着重考虑如何在困境中做些有益的事。他根据入疆后所目睹的维、汉民众的困苦流离，分析其根源主要由于缺水抛荒，难以安定，而地方官吏又对民生漠不关心所致。他寻找到新事业的切入口，便从道光二十三年六月开始，具体策划如何在新疆兴办水利、开垦荒地的问题。

就在这一年的闰七月间，邓廷桢被赦回，使林则徐又陷入一种非常矛盾的心态中。他一方面在送邓廷桢《赐还东归》的诗中有句云："白头到此同休戚，青史凭谁定是非。……玉堂应是回翔地，不仅生还入玉门。"此诗寄托对旧友的依恋之情和改变自己命运的期冀。而另一方面，则对自己的归期，表述了"仆已委心灰槁，早决古井之不波矣"，于是决心把自己的治疆想法付诸实践。在道光二十四五年间，他不顾身处逆境，体力衰弱，奔波全疆调查民情地理，想方设法争取主管封疆大吏的同情与支持，甚至取得了朝廷的同意。由自己捐资，从兴修水利着手，大力推行和改善当地行之有效的"坎儿井"引水系统，变荒地为良田，以安抚民生，稳定社会。直到道光二十五年九月，林则徐以四五品京堂候补调回前夕，在他的苦心经营和调动、调协各方力量共同奋战之下，终于在新疆开荒近七十万亩。林则徐在逆境中的苦斗获得了极大的成功，在新疆民众中留下了传之久远的口碑。

林则徐在回京途中，即奉命署理陕甘总督，次年三月，实任陕西巡抚，二十六年三月又被任命为云贵总督，直到二十九年三月卸任，他的确尽了一位封疆大吏的职责。道光三十年三月回归福州，但他没有优游林下，颐养天年。他不能容忍英人强占福州城内乌石山的神光、积翠二寺，毅然以六十六岁高龄领导群众抗争，取得了阻止英人入城的胜利。他还关心国事，根据自己多年来在新疆的实地考察，结合当时沙俄强迫清政府开放伊犁、塔城的现实，指明沙俄威胁的严重性，提出了"终为中国患者，其俄罗斯乎"的警告。他更关心广西的反抗形势，曾与友人商讨过对策。十月初，咸丰帝为了解决广西事件而重新起用林则徐。林则徐在奉命的次日，即抱病登程。由于长期的辛劳折磨，终于在赴广西途中，于十月十九日病卒于潮州普宁。

　　林则徐的逝世，确是引起朝野震动。人们纷纷缅怀他在抗英斗争中的丰功，却较少颂赞他在西戍以后的苦斗。人们在知人论世上，似乎更容易看到顺境中的轰轰烈烈，而往往忽略逆境中默默无闻的奉献。其实，一个人的伟大正在于能善处逆境，毫不气馁，挣扎奋进，始终不渝地以不怕天磨的苦斗精神去写自己的历史。尤其是人到老年，由于身心交衰容易退坡，甘于自怡，期望回馈，以致虚耗了美好的夕阳。我认为，尽管他人如何祝祷安享晚年，但自己仍应有不断奉献的精神，为社会，为民众，或多或少地做些力所能及的事情，完整地写好自己的全部历史，不留空白！青史凭谁定是非？林则徐以自己晚年的苦斗精神和实际生活做出了铿锵有声的答案：青史凭我定是非！这也是人们应从林则徐西戍历史中得到的一种启示。

姚莹的边疆史地研究

清代中期，学术界颇多留心边疆史地，但注重西北者较多，其能全面研究西北、西南者，当推姚莹。姚莹，字石甫，号明叔，又号幸翁、展和，安徽桐城人。乾隆五十年（1785）生，咸丰三年（1853）卒，年六十九岁。鸦片战争时任台湾兵备道，颇留心世务。后以抗英获罪，道光二十四年，方释出，以同知、知州至四川补用。曾多次奉命至乍雅、察木多地方处理藏僧纠纷。道光二十六年二月返成都。乍雅者，在今西藏自治区东境与四川接界的宁静山一带。察木多即指康藏地区的"康"。撰者在此期间，著述不辍，撰成《康輶纪行》十六卷。有自序概述其撰述缘由及主要内容："大约所记六端：一、乍雅使事始末；二、喇嘛及诸异教源流；三、外夷山川形势风土；四、入藏诸路道里远近；五、泛论古今学术事实；六、沿途感触，杂撰诗文。"清人为姚氏撰传铭者颇多，如吴嘉宾的《求自得之室文钞》、徐子苓的《敦艮吉斋文存》、徐宗亮的《善思斋文钞》及陈衍的《石遗室文集》等均记其生平，子浚为撰《年谱》。

是书凡十六卷，内容繁富。凡川藏史地、域外知识、诗文考订皆所涉及。如卷五《西藏大蕃僧》、《西藏僧俗官名》、《蕃尔雅》诸则于西藏制度、语言均有简赅记述，足资考证。又《木兰生地时考》既据《木兰辞》，又旁征典实而考订"木兰盖古武威今凉州人也。其从军事在孝文帝太和二十年后，宣武帝景明、正始年间"，此亦可备一说。

撰者于探求域外新知最服膺魏源，尤推重《海国图志》，誉其书为"余数十年之所欲言、所欲究者，得默深此书，可以释然无憾矣"。是书卷十六为附图，集当时已有之世界地图于一编，除艾儒略、汤若望、南怀仁、陈伦炯等所制之图外，尚有姚氏所制之《中外四海舆地总图》、《新疆南北两路形势图》、《西边外蕃诸国图》、《新疆西边外属国图》、《西藏外各国地形图》、《乍雅地形图》等，皆各有图说。此不仅可供地图学研制之参考，亦以见中国近代学者对地理知识及域外情况的了解程度。

姚莹于鸦片战争中，非常钦佩林则徐的事功。道光二十五年十二月在由乍雅返成都途中，闻林则徐召回，喜而作《林制军内召》诗，中有"五年中外齐翘首"和

"明诏应收父老泪"等句，表达出林姚沉瀣之情。道光二十七年六月，林赴任滇督，途经成都时，姚又专函介绍《康𬨎纪行》一书说："予役两年，成《康𬨎纪行》十数卷。纪所历山川、风俗、人物，杂论古今学术、文章、政事。因考达赖、班禅、黄红教及天主教、回教之源流，是非明辨之以防人心陷溺之渐；因考前后藏而及五印度、西域诸国以及西洋英吉利、佛兰西、弥利坚之疆域情事，详著之以备中国抚驭之宜。"

书后有叶棠跋，说明此书写定于道光二十八年归桐城故里之时，而叶氏则为是书绘图并校阅全书。另有同治六年方复恒跋，记重刊此书之事。

《识小录》是姚莹晚年编订的另一部有关边疆史地的著作。他于《康𬨎纪行》的自序中曾说："莹自嘉庆中，每闻外夷桀骜，窃深忧愤，颇留心兹事。尝考其大略，著论于《识小录》矣。"是此书亦为姚氏有所发之作，非徒随笔小录而已。

是书多为历年读书心得，兼述异闻掌故。道光十三年曾有陈东海为之校订存稿，分编甲乙，并加弁首。称其"岁月积累成四五十卷，尝以假人，亡其八九，余稿无几"。是此书当为姚氏幸存残编。姚氏置稿簏中，直至道光二十九年，始付剞劂，并附注陈氏所定甲乙于条目之下，以存不没故人之义。姚氏复于陈序后附记刊行缘由。今读刊本，深惜其散佚之甚！

姚氏是嘉道学人中博学多通者，议论颇多新义，而用世之志未申，乃寄情于学术。此书对经史诗文、释道天文、轶闻掌故皆有所考辨。约其大端有：

其一，姚氏于汉宋之争，门户之见虽不深，但极尊朱熹。如卷一《朱子之学先博后约》条认为汉唐诸儒所长典章制度、名物训诂与宋儒的专精天人性命之理是人的精力各有专注。唯有朱熹则是"通材宏智，博学多能"，"非汉唐诸儒所及"，"盖孔子以后一人而已"。其《性与天道》条则谓朱熹"见理分理，澈上澈下，诸所发明，皆得圣贤不言之精义"。此说似尊朱近理，但同卷《读书大义》条论理、器、数的关系则又归于平实。他虽说"器统于数，数统于理"，却反对"托诸空言"的理，而主张"见诸行事"。如"舍器与数"，"人自以意为理"，则"异端邪说之患又生"。故断言曰："世儒言理者或指器数为糠秕，而好器数者又讥空理之无据，胥失之矣。"所以我认为姚氏之学宗宋儒而不流空疏，好实学而不落烦琐。姚氏于评论人物也独有见地。如卷二《颍考叔》条评《左传》为"左氏浮夸，非独纪事好奇也，其称人也多失实"，并举《左传》论季文子之忠、郑庄公之礼、颖考叔之孝皆为"舍其大而录其细"，此正以见姚氏论人在取其大节。

其二，姚氏于书中多述释道。卷二《释氏五劫》、《佛名解略》、《观世音》，卷三《六根六尘六识》、《五眼》、《五山十刹》，卷四《三清》、《玉皇大帝》诸则皆为释道词语训诂。卷二《佛教传授源流》记教禅分门别宗，颇称简要有序。卷四《道书》、卷五《释氏经卷》可称释道典籍目录。

其三，姚氏于诗也多独抒己见。如卷三《李义山诗》条称："世知玉溪生善学杜诗，而不知杜诗有酷似义山者。"《杜诗立言不类》条称杜诗"言浮而夸"，有"文人习气"。卷五《惜抱轩诗文》条对桐城宗主姚鼐的诗义进行全面评论。虽有扬祖德之处，然议论颇有可取，不失为研究桐城文派的资料。《梅村送浮屠文》条讥梅村不善为文，既于儒学无得，于佛法也属影响之间。而其皈依与钱牧斋同旨，立论不同于一般斥钱谅吴者，殊快人意。

其四，姚氏对历史与现状之论述两不偏废。如卷四《内旗外旗之别》、《喀儿喀内附始末》、《俄罗斯通市始末》、《库伦》、《卡伦形势》、《新疆两路形式》、《土儿扈特》、《廓儿喀》、《西藏》诸条评论东北、北方、西北、西南边区形势与典制，并涉及域外，皆是经世致用之作。卷六记汉之麒麟、云台，唐之凌烟，宋之崇德，明之功德庙等，皆标举建功立业诸功臣，而于清无述。岂因身处国势阽危，慨叹当世无崛兴之人以御外侮耶？又卷八《俞都转》条虽所记为两淮盐运使俞德渊的轶事，而主要引述俞之兴革盐务议论，似寓针对时弊之含义。

他如卷六记清疆吏武将轶事，足以见姚氏之博学而娴于掌故。若姚莹其人，事功、学术均有可记，而近代史学著述中颇少涉及，殊感憾然！

徐寿的生平与成就

一、初奠基础

徐寿字雪村，江苏无锡开原乡钱桥社岗人。清嘉庆二十三年（1818）出生在一个没有什么政治权势的地主家庭里。五岁丧父，家计比较困难。他曾经参加过一次为取得秀才资格的童生考试，但没有成功。不久，他感到靠八股文作敲门砖来取得功名地位并无实际意义，遂毅然放弃走通过科举做官的道路。他开始涉猎天文、历法、算学各种书籍。徐寿经过勤奋的自学钻研，终于走上了传播科学、运用科学的科学家道路。

道光二十三年（1843），徐寿二十六岁，正是鸦片战争甫经屈辱性的结束。这对身处战火曾经延烧过的地区的知识分子不能不有所触动。徐寿和同乡算学家华蘅芳结伴同到上海探求新知。那时，英国伦敦会传教士在上海开办了墨海书馆印刷所，聘请了著名的算学家李善兰等翻译西方的物理、动植物、矿物、生理等学科的书籍。徐寿和华蘅芳曾向李善兰请教质疑，并在回乡时采购了有关的物理仪器，准备亲自进行各种物理实验。有一次，徐寿曾为华蘅芳年幼的弟弟华世芳表演过一次科学游戏。他叠了一个小纸人，然后用摩擦过的圆玻璃棒指挥小纸人舞动，使华世芳感到十分惊异而狂笑不止。

咸丰五年（1855），上海墨海书馆用雕版刊印了《博物新编》一书的译本。这部书是英国医士合信原著，共有三集。内容涉及范围很广，但知识比较零散。其中第一集就载有近代化学知识，诸如养（氧）气、淡（氮）气和炭（碳）气以及其他一些化学元素，还写有一些化学实验方法。徐寿再次到上海时，就读到了这部书。虽然，他只能从书中学到一些不够系统、完整的化学知识，但已引起了他钻研化学的莫大兴趣。他又像初学物理时那样，亲手仿做了一些仪器，不仅按书本记载做实验，而且还设想了一些课题。徐寿把书本知识和科学实验紧密地结合起来，加深和巩固自己已有的知识，准备了进一步研究的条件。我国从18世纪后期开始对近代化学有所研究。19世纪40年代以来，又将近代化学的知识付之于某些课题的实验与应用，但尚处于一种萌芽状态。而徐寿则是继承了这一传统，开展较系统研究的化学家，为我国近代化学学科的建立奠定了基础。

二、"黄鹄号"的诞生

咸丰十一年（1861），曾国藩以"研精器数，博涉多通"的考语推荐和征聘了四十四岁的徐寿和其他几位科学家。次年，徐寿到曾国藩的安庆军营内军械所接受了专办制造事宜的委派。曾国藩保举他为"主簿"，他的中心工作是筹划建造一艘"黄鹄号"轮船。当时参加造船工作的有华蘅芳、吴嘉廉、龚芸棠和徐寿的儿子徐建寅（仲虎）等人。华蘅芳在绘图、测算和配置动力等方面给徐寿以极大的帮助，而徐建寅更有卓著的贡献。据孙景康撰《仲虎徐公家传》论其事说：

> 时公父方谋造黄鹄轮船，苦无法程，日夜凝思，公累出奇思以佐之。

徐寿的第一部译著《汽机发轫》可能就是为造船需

要，或者是在造船工作启示下进行的。这部译著标志着徐寿从事翻译工作的开端。

"黄鹄号"经过徐寿的努力，"鸠工庀材，经年告成"。这是一艘长五十余尺，每小时行速二十余里的木壳轮船，当时虽然被曾国藩认为它"行驶迟缓，不甚得法"，但这终究是徐寿及其助手不假手外国工匠，自己动手造器置机而建成的第一艘全部自造的木质轮船。实现了19世纪40年代以来林则徐、魏源、郑复光、丁守存等爱国者自造轮船的理想，开启了我国近代的造船业。

三、翻译西书

同治五年（1866）十一月初，曾国藩回任两江总督，即派徐寿到上海襄办江南机器制造总局。当时，徐寿四十九岁，已经掌握了很多科学知识，并且有了一定的成就。清末杨寿枢等在要求褒扬徐寿并为立传的公呈中曾概括其前一阶段的成就说：

> 时百事草创，该故绅于造枪炮弹药等事多所发明。自制强水、棉花、药汞、爆药，并为化学工业之先导，而塞银钱出海之漏卮。其有功于国计民生甚大。中国军械既赖

以利用，不受西人居奇抑勒。

但是，徐寿并不满足，他要进一步追求制造技术方面的科学原理，钻研专门学问。于是他向曾国藩提出了四项建议，即：

一为译书，二为采煤炼铁，三为自造枪炮，四为操练轮船水师。

其中最主要的是第一项，即要求翻译西方讲求实学的书籍以探求科学根底。这种不满足于一知半解的皮毛知识，而努力追求学术本原的精神，鼓舞着徐寿把主要精力倾注到翻译和传播西方科学知识的工作中去。同治七年（1868）他在制造局内专门设立了翻译馆，招来西人伟烈亚力、傅兰雅、林乐知和金楷理等，华人华蘅芳、李凤苞、王德均、赵元益以及他的儿子徐建寅等参加，开始进行大量的翻译工作。徐寿依靠西人的口述，克服层层的语言障碍，亲自执笔译书，取得了丰硕的成果。在《再上学部公呈》中说："阅数年，书成数百种，泰西声、光、化、电、营阵、军械各种实学，遂以大明，此为欧西文明输入我国之滥觞。"

徐寿因译书功绩，声誉腾播，被曾国藩保荐为"县丞"。当时，许多大吏如李鸿章、丁宝桢、丁日昌等都争相罗致，屡次邀请徐寿去主持他们新办的企事业。而徐寿"以为恐废学业，不愿应聘"，并认为"译书行世较专治一事影响尤大"，毅然辞谢了他们的邀请，而把后半生的全部精力贡献于译书及传播科学知识的事业中，前后达十七年之久。光绪十年八月初六日（1884年9月24日），我国近代化学的启蒙者、爱国的科学家徐寿离开了人世，终年六十七岁。

徐寿在十七年的译书生活中，介绍了大量的西方科学知识，特别是近代化学知识，而被近代维新思想家王韬认为是"皆有裨于实用者也"。根据现在见到的资料，徐寿的译著共有二十余种：

《汽机发轫》九卷四册。此书为造船研究发动机而译。同治十年（1871）刊本。

《化学鉴原》六卷四册。此书为普通化学，讲述化学的基本理论和重要元素。同治十一年（1872）刊本。

《化学鉴原续编》二十四卷六册。此书专讲有机化学。光绪元年（1875）刊本。

《化学鉴原补编》七卷六册。此书专讲无机化学，其中一卷为《体积分剂》。光绪八年（1882）刊本。

《化学考质》八卷六册。此书专讲定性分析。光绪九年（1883）刊本。

《化学求数》八卷十四册（一说十五卷）。此书专讲定量分析，其中有《求数使用表》一卷。光绪九年（1883）刊本。

《物体遇热改易记》四卷二册。此书为物理化学的初步知识。光绪二十五年（1899）刊本。

《西艺知新》十卷六册。光绪四年（1878）刊本。

《西艺知新续集》十三卷九册。光绪十年（1884）刊本。

《宝藏兴焉》十六卷十六册（一说十二卷）。光绪十年（1884）刊本。

《营阵发轫》（一名《营阵揭要》）二卷二册。

《测地绘图》十一卷四册。光绪二十六年（1900）刊本。

《周幂知裁》一卷。

《求矿指南》十卷二册。光绪十年（1884）刊本。

《法律医学》二十六卷十二册。此书于徐寿生前已刻，未印。

《造橡皮法》已译未刊。

《造指南针法》已译未刊。

《试验铁煤法》已译未刊。

《造汽机等手工》未译完。

《燥湿表说》已译未刊。

《质数证明》未译完。

《清史稿》本传推重《西艺知新》及《化学鉴原》二书"尤称善本"。徐维则等在光绪末所编《东西学书录》著录其中八种。

此外，徐寿还参加了《化学材料中西名目表》和《西药大成中西名目表》二书的编写工作。前书是为翻译《化学鉴原》一书需用统一定名而编制的工具书。徐寿制定统一定名是采取用外文第一音节来造新字的办法。他制定的钠、钾、钙、铅、镍、锌等二十种元素译名，一直为后世所沿用。

徐寿的这些译著和其他论述比较系统地反映了近代化学的主要内容。它不仅对奠定我国近代化学学科基础具有重要意义，而且其影响尚及于国外。日本知道徐寿译书情况后，曾派柳原前光等人到上海访问，购取译本，归国仿行，所以日本的化学译名多有与中国名称相同的。

四、传播科学知识

徐寿在承担繁重翻译工作的同时，还不遗余力地从事科学知识的传播。大约在同治十二年底或十三年初（1874），徐寿发起并联合中外同好在上海创办"格致书院"。召集初学者讲习西学、西艺。获得了"风气渐开，成就甚众"的成效。徐寿还为1876年所创办的《格致汇编》写了序言。并在该刊发表过《医学论》、《汽机命名说》与《考证律吕说》等科学论文。起到了宣传科学的作用。格致书院是一个传播科学知识，进行科学教育的学术团体。它虽然还算不上是正规学校，但却是开办新式学堂的先声，在中国近代教育史上应有一席之地。科学知识的传播对19世纪末期维新思潮的高涨不能不说有着某些联系。而徐寿则为这一思潮的发展做出了应有的历史贡献。

徐寿不仅熟知化学、物理和机器等科学技术知识，而且还深通医学，能临床施治。同治元年（1862）闰八月间，著名诗人吴大廷患肠秘病。经徐寿精心治疗，病情逐渐缓解而痊愈。后来，吴大廷就特著此事于自著年谱。可见这是吴大廷认为一生中不能遗忘的大事，也反映了对徐寿医学造诣的钦佩。徐寿的译著中有《法律医学》一书也可证徐寿还是一位法医学者。

徐寿具有丰富的科学知识，所以竭力反对封建迷信。他主张婚丧葬不需选择黄道吉日，不滥祭鬼神，治丧不用僧道和吹鼓手，安葬不请风水先生。他在日常生活中，对"所有五行生克之说，理气浮浅之言，绝口不道"。他自奉俭约。时以余钱购买科学仪器，进行科学实验，"以实事实证，引进后学"。

徐寿既是一位博涉多通的通才，又是一位学有专长的专家。他不仅贡献毕生精力于科学研究与译述，还满怀热情地从事科学教育与宣传，甚至引导与影响他的儿子也投身于这项草创的事业中。所谓"子建寅，华封，皆世其学"，即指此而言。徐寿有三子：长子大吕，未流传事迹。次子建寅，字仲虎（1845—1901），曾以道员的身份参加过上海、金陵、山东、直隶各制造局的技术工作和译书工作，又到驻德使馆担任过二等参赞。后来专心致力于译著工作，有《器象显真》二册、《器象显真图》一册、《兵学》八册、《欧游杂录》二册、《德国合盟本末》一册、《德国议院章程》一册和《轮船布政》二册七种译著传世。徐建寅还与美国林乐知、宝山瞿昂来、英国傅兰雅广泛搜集资料，共同增补《海国图志》，成《续集》二十五卷。因此，后人论徐建寅成就时，曾把他与其父徐寿及华蘅芳并称为"三君著述几至等身矣"。

徐寿的一生是科学家的一生，徐寿的一家是科学家的世家。徐寿父子对传播科学知识和建立我国近代化学学科基础等方面的确做出了应有的历史贡献。我们不仅要纪念他筚路蓝缕的开拓之功,也应学习他发展民族科学事业的献身精神!

李慈铭和他的游记

晚清同光时期，绍兴出现了一位学问广博，而以诗词著称于时的名人，他名李慈铭，字爱伯，一作恶伯，号莼客。道光十年（1830）生，光绪二十年（1894）卒，年六十五岁。李慈铭科场蹭蹬，仕途不畅，因此以狂傲骂座来掩饰他的失意。他生平好写日记，从二十余岁开始一直写了三十六年（1853—1889），名曰《越缦堂日记》，据说有六十余册，加上已佚的晚年日记八册，竟达七十余册，数量不可谓不大。内容所记为经历见闻及读书心得，但一如他的为人，后人读他的日记，总感到有做作之处，似是有意给人看的。鲁迅曾批评李慈铭日记中有涂改和让人看和抄的痕迹，认为："我觉得看不见李慈铭的心，却时时看到一些做作，仿佛受到欺骗。"但是他的读书心得部分，由于李慈铭的学术底蕴较深，仕途又不甚得意，于是寄情读书，所以留下了许多有价值的内容。民国时有由云龙者，从《越缦堂日记》中，辑出其读书心得部分，题作《越缦堂读书记》，虽经排印，但未发行。20世纪60年代初，中华书局又据由氏辑本，与日记校订、增补，成近百万字的《越缦堂读书记》，分装二册，于1963年问世，为学术界提供了一部有一定学术水平可供参考的著作。于是人多以李慈铭与《越缦堂读书记》相联系，而忽略他的其他方面成就，特别是他的一本游记著述《萝庵游赏小志》。

《萝庵游赏小志》为李慈铭抒写山川景物之作，文笔优美，清新细腻，每一小段皆可当游记美文读。其行踪所至，又每以干支纪年而有月日，类似日记体例，颇有益于了解撰者部分生平。是书所写上起道光二十年（1840）十二岁时，下迄咸丰九年（1859）。游踪所至，大抵不出绍兴、萧山及杭州周围。凡柯山、鉴湖、兰亭、舟山、灵隐、西湖、平湖、江寺等胜迹，皆有所记。如道光二十四年记游兰亭云："山水秀发，朗然玉映，有王谢子弟清华蕴藉之观，乃知右军所取者，其风流相似也。其时亭馆已圮，竹圃亦就荒。惟林木翛翛，拂风映水，犹觉晋人吐属去今不远耳。"咸丰四年三月二十七日游柯山，记其景物是"一路山色浓蔚，林采晶碧，夕阳晃晃，金翠万层，是吾乡山水极着色画也"。撰者刻画山水，文字整齐，颇具意味。虽非长篇，但小品自有韵致，绍郡风流，尽在笔下。撰者于写景中，间记社会情态，如记道光二十一年绍兴庆祝道光帝六十寿辰之盛况云：

> 辛丑八月，宣宗六旬万寿，越中张灯特盛……极力绘日月之光，报功德之盛。城中江桥笔飞坊至东昌坊大街，十里廛肆鳞栉，各处灯样，以工相尚。鸾回鹤翥，云实日华。又尽出奇器宝物，青鼎绿彝，玉屏珠帘，以及古书古画、珍禽异兽、瑰草奇花之属，无不护以栏楯，夹道列观。入夜则星火渐繁，笙歌迭起，而各寺庙中，复结采台舞榭，标云叠霞，敷金散舥，绛天百仞，繁曜缀空。游人多饰香车宝马，一片光明锦绣中。钗钿咽衢，裙襦寻巷，所谓路曜便娟，肆列窈窕者……盖吾越繁盛，极于此矣！至九月，英夷陷宁波，犯余姚，粤人仓皇四遁，久而始定……

强敌压境，犹奢靡侈华如此。宜乎其兵备废弛，粤海败绩，浙东告急。道光帝于清代诸帝中，尚有节俭之称，而纯客此记，亦当破其虚谀矣！

是书成书于同治元年，为忆往之作。其书首有自序云：

> 同治壬戌（元年），客居京师，涕泪幽忧中，间取昔来游赏之事，一一志之。冀假虚沤，以沫枯鱼，设寓食以

起饿隶，后有览者，不其悲乎！呜乎！自幼而壮，游之事可尽也。一石一水，一树一卉，随所记忆，略诠次之，名以萝庵。

自序又云，其所以名书为"萝庵"者，以其极赏柯山萝庵左近之景物，以为此"可以名平生之赏"，而"在予之游赏，惟萝庵为可名也"。故此小志中亦以记萝庵风景为特详。绍兴今为文化名城，遍地人文风流。李慈铭其人其书，亦可为绍兴文化增一碎玉，实应为当地所重视！

陆心源与皕宋楼

皕宋楼主人陆心源（1834—1894），字刚父，号存斋，晚称潜园老人，浙江归安人（今属湖州市）。他存世的年代正是中国封建社会末期和近代初期相交的时候，是从鸦片战争到甲午战争历史发生巨变，清廷已日渐衰弱的时候。他在咸丰九年（1859）获取举人身份后，即在大吏的提携下，从军功的渠道走向仕途。曾任广东知府、南韶兵备道、福建盐法道等中层官职。去官后，即归隐于归安城东莲花庄北。自辟小园，取名"潜园"，以示摆脱仕途之立意，专事藏书、校书工作，立志读尽天下书。凡遇异书，必倾囊采购，成为晚清四大藏书家之一。

陆心源不仅是著名的藏书家，而且在学术著述上也极有成就，尤其在古典目录学方面产生了很大影响。陆心源凭借自己丰富的藏书，刊校古籍，专心致力于这方面的著述，共著书九百四十余卷，合称《潜园总集》。其中《皕宋楼藏书志》一百二十卷、《皕宋楼藏书续志》

四卷、《仪顾堂题跋》十六卷和《仪顾堂续跋》十六卷等四部书目和题跋之作，在近代目录学史上，具有重要的学术价值。其题名"仪顾"者，为表示心仪清初顾炎武之学术，而以好古学、藏古籍自矜。陆心源特别关注搜集散佚文献，尤癖好唐文，曾搜集旧文，增补新出金石文字，辑《唐文拾遗》八十卷、《唐文续拾》十六卷。又在厉鹗《宋诗纪事》的基础上，辑增三千余人，诗八千首，撰《宋诗纪事补遗》一百卷。并为厉书中的人物小传补其不足，成《小传补正》四卷。其他尚有《群书校补》一百卷、《吴兴诗存》四十卷、《吴兴金石记》十六卷及《归安县志》五十二卷等多种著作。

陆心源是清代藏书家中无藏书世家背景的藏书家。他是从自身开始大量购书藏书的。当时正值太平天国运动和第二次鸦片战争，江南遭受兵燹之灾最烈。一些有名的藏书家在动乱中无力自保，藏书纷纷散出。陆心源则借此时机，大力搜罗宋元旧椠。各家名藏多集于陆氏之藏。聚书成家，终跻身于大藏书家之列。

皕宋楼的大部分藏书得自上海郁氏宜稼堂旧藏。宜稼堂是上海著名藏书家郁万枝（松年）的藏书楼名。郁万枝几乎尽收当时著名藏书楼的藏书。如艺芸书舍、水月亭、小读书堆、五研楼等处旧藏，其中有许多珍籍。日人岛田翰在其所著《皕宋楼藏书源流考》中说："心源皕宋之书，大半出于郁氏"，多"明后佚书，人间未经见"者。这是陆氏一次大规模的聚书，共计购得郁氏旧藏四万八千七百九十一册。这批书奠定了陆氏藏书的基础。其后，陆心源又购得同县严氏芳菽堂、刘氏眠琴山馆、长洲蒋氏心矩斋、福州陈氏带经堂、归安韩子蘧、江都范筌、吴县黄荛圃、杭州平甫季、言二劳、吴县周谢庵、归安杨秋实、德清许周生、归安丁兆庆、乌镇温铁华等家遗藏。加上陆氏旧藏，总数共达十五万卷，成为江南首屈一指的大藏书家。光绪十四年（1888），国子监征书，陆氏一次进呈旧刻旧钞一百五十种，两千四百余卷，并附所刻丛书三百余种，受到清廷的嘉奖。其子树藩、树屏两人，皆着钤国子监正衔。陆氏还为这批赠书专刻两枚印章。一曰，"光绪戊子湖州陆心源捐送国子监之书匦藏南学"，二曰，"前分巡广东高廉道归安陆心源捐送国子监书籍"，从此也可略见陆氏藏书之富。这批书早已散失，至今仅有少量存国家图书馆古籍部。

陆氏藏书楼初名为"守先阁"，后改称"皕宋楼"，另于潜园建"守先阁"。皕宋楼后又分出别室为"十万卷楼"。皕宋楼专储宋元旧椠，十万卷楼收明以后秘刻、名人手校手抄及近儒著作，守先阁则藏一般刻本和抄本。守先阁藏书按四分法分类排架。光绪八年（1882），陆心源曾禀请归安地方官员将守先阁藏书归公，供人阅读。这是先于古越藏书楼向社会开放的义举。

关于皕宋楼的历史地位，许多文章曾有过评论。皕宋楼无论从所藏宋元刊本之珍贵，还是从藏书规模之宏伟，列于晚清四大藏书家之列，是名副其实的。但四大家各有特色，难分轩轾。而极力推崇皕宋楼者，则是《皕宋楼藏书志》的实际编纂者李宗莲。光绪八年，李宗莲在《皕宋楼藏书志》的序中，将天一阁与皕宋楼相比，认为天一阁不如皕宋楼者有五，即：

> 天一书目，卷只五万，皕宋则两倍之，一也。天一宋刊不过十余种、元刊仅百余种，皕宋后三四百年，宋刊至二百余种、元刊四百余种，二也。天一所藏，丹经道箓，阴阳卜筮，不经之书，著录甚多，皕宋则非圣之书不敢滥储，三也。范氏封扃甚严，非子孙齐至，不开锁，皕宋则宁先别储，读者不禁，私诸子孙，何如公诸士林，四也。范氏所藏，本之丰学士万卷楼，承平时举而有之犹易，若皕宋则掇拾于真火幸存，搜罗于蟫断炱朽，精粗既别，难易悬殊。五也。

李氏所言，虽多参感情成分，尚有可议之处，但所言皆为事实，可存一说。唯日人岛田翰在所著《皕宋楼藏书源流考》中对李宗莲进行人身攻击。称"宗莲委巷小生，不足论"，还极力贬低皕宋楼的价值说：

"原皕宋所以名楼，谓储宋本二百种。今合并原目所载，分析一书为数种，以充二百种。《十三经注疏》、《七书》、《玉海》附刻、《百川学海》之类，以检其宋元本，实不过宋本百十部，元本百五十五部，约四千余册。而更严汰其假宋版、仿本、修本，当减其三之一。宗莲序藏书志，俞荫甫作心源墓志铭，云所得宋本二百余种，元本四百余种者，夸甚矣！"

合刻、类书，分计各书，固无可厚非。仿、假之说，亦并无实指，尚难凭信。藏者误判，亦贤者难免。至若《皕宋楼藏书源流考》国人颇多信其说。其记源流虽可资参考，而迹其著述用心，于陆氏所藏挑疵摘瑕，实为掩盖其诱骗豪夺之真面目。故判其所著为皕宋之"谤书"，亦未为不可。以余观之，皕宋楼藏书特点约有三端：

藏书多名家旧藏本，其中包括钱曾、毛晋、徐乾学、季振宜、黄丕烈等大藏书家的传藏本。

藏书中有许多《四库全书》未著录本或不同版本。

藏书不仅注重宋、元旧椠，而且注重藏书的"足本"和"全本"。

历代藏书家虽总期望其藏书为子孙宝之，但往往事与愿违，不数世即因种种原因散出。陆氏藏书亦未能免此厄运。光绪二十年（1894）陆心源逝世，终年六十一岁。子陆树藩即未能善守所藏。甫经十年，即于清光绪三十一二年（1905—1906）间，在日人岛田翰怂恿下，将皕宋楼藏书卖给日本。当时正值陆氏家道中落，亏欠甚巨，急需售书还债，而国人无力承购，于是窥伺觊觎已久的日人岛田翰乘人之危，千方百计诱使树藩落入陷阱。树藩首先索价五十万元，经一番讨价还价后减到三十五万元，后又减到二十五万元。光绪三十三年（1907）三月，经一再谈判，终于四月最后议定以十万元价格，将皕宋楼、十万卷楼、守先阁的全部藏书售与日本。计有四千多部，四万四千余册。宋椠精品四十余种。六月，全部舶载渡海东去，归于日本财阀岩崎氏的静嘉堂文库，成为日本"国宝"和"重要文化财"。该文库曾将陆氏旧藏编为《静嘉堂秘籍志》，于1917年出版。

当皕宋楼藏书被捆载东渡而去的消息传出后，国内学术界、文化界无不扼腕痛惜。汾阳王仪通氏曾为《皕宋楼藏书源流考》题诗十二首。其第十一首有句云："三岛于今有酉山，海涛东去待西还。愁闻白发谈天宝，望赎文姬反汉关。"这首诗表达了一种激愤与无奈，以及企盼故物归赵的心情。武进藏书家董康在刻行《皕宋楼藏书源流考》之题识中,对此亦深致感慨说:"陆氏藏书志所收,俱江浙诸名家旧本。古芬未坠,异域言归,反不如台城之炬,绛云之烬,魂魄犹长守故都也。为太息者累日。"并担心此风之续起说:"往事已矣,目见日本书估之辈,重金来都下者,未有穷也。海内藏书家与皕宋楼埒者,如铁琴铜剑楼,如海源阁,如八千卷楼,如长白某氏等,安知不为皕宋之续,前车可鉴,思之能无惧与?"张元济不仅痛惜陆氏藏书之外流,更忧虑到所有旧藏的散失,曾致函缪荃孙说:"难得之旧本,若无公家为之保存,将来终归澌灭。近且悔之无及,每一追思,为之心痛!"(《张元济书札》)而更多的指责多集中于陆树藩之未能善守家藏。各种著述论文每有涉及皕宋之藏时,无不谴责陆树藩。皕宋楼藏书为日人捆载而去,陆树藩有一定的责任,但细察具体情节,若悉归咎于陆树藩,似有不公。敢陈三义以释疑。

一曰岛田翰蓄谋已久之掠取阴谋。自从日本在中日甲午战争幸获胜利,使得日本举国上下普遍加强了对中国的"关注",而日本学人的访书活动也是这种"关注"的重要文化现象之一。钱婉约女士在辑译《日本学人在华访书记》时所写的《近代日本学人中国访书述论》中曾一针见血地指出：

> 访书活动是近代中日文化交流中一个涵盖面宽泛的文化现象，它既是日本关注中国，渗透中国，殖民中国的社会思潮在文化学术领域的折射，又构成近代日本中国学的一个有机组成部分。

国人对日本学人在华访书，多从中日文化交流一面着眼，而忽略其渗透与殖民具有实质性的另一面。钱女士更在其所著文之最后结语中，直揭日本学人之真实用心说：

> 日本近代的来华访书是一个值得深入研究的课题。它既是中日学术关系史文化交流史上重要的一页，也是近代中日两国从合作到战争的社会政治的一个缩影。从中国方面说，秘籍被盗，珍本外流，无论用气愤、悔恨、屈辱等词汇，都难以表达历史留给我们的回味与启示。

"回味与启示"是多么沉重的一声棒喝，从中也确实启示我们对皕宋楼藏书外流责任之重新审视。日本学人之觊觎皕宋之藏，已非一日。岛田翰于光绪三十一二年之际，曾数次登楼，见皕宋楼管理不善而所藏又极合日本需要，顿萌掠取之心。在《皕宋楼藏书源流考》中，岛田翰于志得意满之余，曾自我供述说，"顾使此书在我邦，其补益文献非鲜少，遂怂恿其子纯伯观察树藩，必欲致之于我邦"，其贪婪垂涎之态昭然。中国俗语有云，"不怕贼偷，只怕贼想"，于是岛田翰积极奔走于日本政客、军阀之间，力促其成。而一旦成交，复以小船偷渡，转装于沪上日轮，扬帆而东，使国人猝不及防。此等行径直若穿窬者流，其卑劣无耻可见。而岛田翰不以为耻，得手后复狂言云："何意当我世而见之，不亦人世之大快事乎！"皕宋楼藏书外流之罪责，岛田翰无疑当为魁首。日本学人于此事件亦从无愧怍异辞，反予岛田翰以充分赞许与肯定。如神田喜一郎在其所著《中国书籍记事》中曾借前辈学者之口誉岛田翰为"天才少年"，而对中国学界对皕宋楼事件的愤懑却作了极其荒谬的评说：

> 陆心源文库的丧失，对中国来说，无疑是一次惨痛的经历。但如果立足于全局考虑，它对日本的影响绝对不少，使日本的有识之士能再度领略中国文化的深厚，我相信这足以弥补它所造成的损失。可见在此之前的想法、议论，

> 都不免目光短浅了吧！我想我们应该将文化交流的大义，深深镌刻于心间。

这段话真值得我们久久地"回味"，这纯粹是一种小偷哲学。明明偷了邻居的珍宝，也知道给主人造成"一次惨痛的经历"，但还要求失主要"立足于全局考虑"。如果失主有想法和议论，那就是"目光短浅"。如果小偷赏玩这些偷来的珍宝价值，那就是对失主的一种补偿。并且还"教导"失主要"深明大义"。这难道是自我标榜为深明文化交流大义的所谓学者该想和该说的吗？这不免欺人忒甚！有小偷必有大盗。先踩道，后抢劫。这也证明日本军国主义者的处心积虑了吧！因此可以断言：岛田翰只是一个从邻居家偷珍宝来充实自己家当的窃贼而已。皕宋楼藏书的外流，岛田翰应负主要罪责。

二曰陆树藩处境之艰难无奈。皕宋楼藏书外流事件中的责任，历来大都归罪于陆树藩。直到近年来，由于有关史料的逐渐出现，渐渐有人从陆树藩所处的社会背景予以分析论说。老友顾志兴先生是根据丰富资料比较全面分析陆树藩在此事件中具体情况而公允地论述了他的功过是非，论定"陆树藩因救济善会而负债，是出售家藏书的重要原因之一"。那就是说，陆树藩的售书是被逼无奈的行为，是有可曲谅的地方，不能把罪责全部加给他。我认为论定一个人物不能不顾他当时所处的社会背景以及造成后果的细节。所谓"救济善会"是陆树藩为解救在八国联军进侵京津地区所造成的灾难而成立的慈善机构。陆树藩在获悉京津灾情后，即联合在沪绅商，劝募捐款，组织人员，并以善会董事长身份亲自带队北上，营救灾民。他冒着相当风险，设法与瓦德西及李鸿章等高层中外要员接触，仅仅得到某些微弱的资助与关照而已，远远不能满足救灾的需要。他前后营救了在京津被灾人员六千余人，其中有相当一部分平民。运回棺木二百余具，其中包括因抗击外敌殉难的聂士成和因进谏而遭慈禧处死的徐景澄、袁昶、徐用仪等四人。陆树藩在营救活动中的见闻在《京津救济善会图说》这本小书中，以图文体按日作了详细的记载。《京津救济善会图说》是一本线装石印小书，有插图二十八幅，先图后说。编者署名孙乐园，生平不详。专记八国联军入侵京津后的悲惨见闻。顾志兴先生在写《浙江藏书史》时未见此书。经我向各有关图书馆查询，此书国家图书馆有藏。在张廷银和苏品红两先生的协助下，我获读《图说》，得悉陆氏救灾概貌，的确艰难。不久，又得湖州王增清先生见赠陆树藩自撰之《救济日记》复印件一册。《救济日记》为光绪庚子仲冬上海石印本，内容与《京津救济善会图说》相同而更详。两相比照，《图说》似为《日记》简本，乃陆树藩向社会报告救灾简况者。以此推测，《图说》所署"北平孙乐园编辑"，可能为陆氏假托之名。所谓孙乐园者固一子虚先生。据二书所记，当时京津灾情确实严重，而陆树藩毅然挺身，各方筹款，不惜借贷，身入险境，其情可敬。及灾后负债累累，各方逼债日甚。于是先后处理家藏古玩珍宝，厂店亦相继破产。而从陆树藩遗存下来的信札中可以看到，前此陆树藩曾向端方、上海工部局和《燕都报》等有关方面呼吁，"愿将先人所藏之书，全数捐入藏书楼，以垂久远"（《致端方书》），但亦未获结果。最后方在呼救无门的无奈情况下为岛田翰所诱骗，出售藏书。其情亦可悯。如将皕宋楼藏书外流之首罪完全加于陆树藩，则未免不公。当然，陆树藩在此事件中有其应负的责任。陆氏第五世玄外孙徐桢基先生在《潜园遗事》一书中，对陆树藩的责任曾有所评述云：

  藏书售日之首要责任在于清廷的无能。但是树藩公从保持全部书完整出售的思想出发和急于筹款还债，却忽视

> 了使大量古书流入他邦所生的影响,则是他的一个错误。至于对他的一些其他批评,往往由于不同的缘由而使他人产生错觉,将会随着各种史料的发掘而逐步认清的。

徐氏于陆树藩之责任,有所曲谅。而将首要罪责加于清廷的无能,则不免为岛田翰卸责。

三曰社会对文化事业的不够重视。皕宋楼事件发生时间为庚子大变乱之后。清廷方流亡归来,惊魂未定,巨额赔款的重压和国势的日趋衰弱,于保护古籍、兴办公共图书馆等重要先进文化事务,一无所知。无论朝廷还是地方大员对文化事业几无力顾及,对涉外事务尤有所避讳。陆树藩售书前的种种呼吁皆未能引起注意,坐视岛田翰为所欲为,致使国宝外流,清廷应负不作为的政府行政责任。至于社会人士,固无力全部承购,亦难过分苛责。其间如张元济诸先辈之努力与事件后社会舆论之同声声讨,则足以见民心之所在。

陈此三义,则皕宋楼事件之主次罪责,当如泾渭之分明。日人对我皕宋楼藏书,久怀觊觎之心,时思以我之宝藏补彼邦之不足。岛田翰一本日本夺他人之所藏、盈一己之库存之国策,处心积虑,凭借庚子奇变之后、清廷心有余悸的背景,乘陆树藩经营失败、救灾偿债之危,使用诱骗诡秘之卑鄙行为,掠我珍籍,舶载东去。赢得日本国人之赞誉,而置陆树藩于千夫所指之窘境,谓岛田翰之为首罪,谁曰不宜?清廷及各地政府,未能及时制止挽回,过不能逭。但事件影响所及,致使两江总督端方能尽力维护保存八千卷楼丁氏藏书,亦可谓亡羊补牢之所得。至若陆树藩虽情出无奈,但终有配合岛田翰行为之过错,实难辞其咎。而各方谴责,亦使其心有愧悔。后人当以知人论世之心谅其过错,不能置为首罪。辛亥之际,陆树藩终归佛门并创办救济贫苦儿童之"苦儿园"。他曾自题小像云:"佞佛不持斋,何必守三戒。世态本炎凉,人情尤险恶。穰富以济贫,此心无愧怍。魂魄若返真,坦然对天日。"其自赎前愆之至意,已昭然于世。愿后之论其事者,能曲谅其心迹,给以恰当评说。

2007年6月写于南开大学邃谷,时年八十五岁

刘铭传与台湾开发

一、台湾建省之前

清康熙二十二年（1683），清朝政府统一台湾。次年，即正式将台湾南部和属岛隶属于福建巡抚统辖之下。在台南设立台湾府，设知府一员。并设台厦兵备道一员，兼管教育、司法。下设台南、诸罗（嘉义）、凤山三县。各设知县一员。以澎湖为防，设巡检。并在鹿耳门设海防同知等官。但是，这些官员并没有做多少有益于台湾开发和经营的事务，而专事搜求敛财，曾引起台湾人民的不断反抗。加以台湾资源丰富，长期为许多帝国主义侵略者所垂涎。于是清廷于康熙四十七年（1708）开始开辟台北。康熙四十九年（1710）乃在淡水设置防兵。康熙五十五年（1716）又进而开辟台中。这一阶段重在开辟而尚少建设。

清政府真正着手经营台湾始于光绪初年。当时已有人感到各侵略者的觊觎，逐渐引起朝野的关注。光绪十一年（1885），左宗棠奏请改台湾为省。这一建议经过王公大臣各省督抚的讨论，终于决定建省，并以福建巡抚刘铭传为首任台湾巡抚。

刘铭传，安徽肥西人。道光十六年（1836）生，光绪二十一年（1895）卒。以军功起家，是李鸿章淮军手下"铭军"的首领。平生极重建功立业，曾自誓说："生不爵，死不谥，非丈夫也。"综观其一生事业荦荦可数者，约为三端：镇压起义，抗法保台，开发台湾。其中开发台湾不仅是刘铭传事业的最亮点，也是晚清时期最值得纪念的历史光彩，更是台湾史上不可磨灭的丰功伟绩。但以往在中国近代史的研究中，却一直处在未予足够重视的地位。近年以来，随着历史的推移，刘铭传的研究逐渐为学术界所关注。尤其是振兴中华的思潮日显蓬勃之际，更需要学术界开拓探究空间，加深对这一课题的研究。

二、刘铭传开发台湾

光绪十一年（1885），刘铭传在接到建省任命后，虽因考虑建省条件尚未完全具备而奏请缓建，但还是提出了"办防、练兵、清赋、抚番"等四大重点,并积极进行建省的筹备工作。次年即设立善后、法审、官医、伐木各局。光绪十三年(1887),正式施行建省各项措施。在任六年,取得了辉煌的成就。过去曾有不少学者对此有所论列。已大部分见收于《刘铭传在台湾》(上海社会科学院出版社,1987年版)一书,本文不再过多地重复,仅举数例以说明其建树:

1. 成立省的各级组织机构。据《清史稿·地理志》所载,设省治于台湾(今台中市)。另建布政使和按察使,分管行政、司法。改变初期的行政区划,设台南、台北、台湾三府及一台东直隶州(原卑南厅)。三府下辖十一县(安平、嘉义、凤山、恒春、淡水、新竹、宜兰、台湾、彰化、云林、苗栗)三厅(澎湖、基隆、埔里社)。

2. 在基隆与恒春间修筑铁路。刘铭传的筑路思想形成较早。五年前,当中俄伊犁之争时,他就申论筑路与军事的重要关系,认为筑路是练兵造器的"机栝"所在,铁路对用兵是急不可缓之事。而当他开发台湾时,又进一步将筑路与"繁兴商务,鼓舞新机"联系起来,将筑路视为开发台湾的首要事务,经过奏请奔走,抵制各种诽谤诬陷,终于在光绪十三年七月获准成立"全台铁路商务总局",积极着手制定《商办台湾铁路章程》,

开展以商股为主的招商活动。特别是引进侨资，为前所未有的创意。接着他选聘人才，订购铁轨、桥梁、客车、机车。虽然基隆台北段在他离任后的光绪十七年通车，台北新竹段在十九年通车，使刘铭传未能乐观厥成，但这种修路兴商的思想与我们当前"若要富，先修路"的思想正相吻合而具有超前地位。这条铁路是全国最早自己筹资，自己兴造，自己管理的铁路。它的创建者刘铭传确实功不可没。

3. 创立西学堂及电报学堂。刘铭传鉴于建设中急需人才而往往借才异国，所以准备培养自己的实用人才。于是在他就任之始，就在台北设立直属于巡抚的西学堂，教习外语、史地、测绘、算学、理化和汉语等实用课程，以适应开发建设之需。光绪十六年，在他即将离任之际，又设电报学堂培养为沟通信息的专业技术人才，为开发台湾奠定人才基础。

4. 整理田赋。光绪十二年，设南北清赋总局。清丈土地，编订保甲。仿行一条鞭法，确定田赋，发给丈单，按单征赋。经三年完成，使田赋由原来的十八万两增至六十七万余两，对减缓协款银的牵制起到应有的作用。

5. 增强海防。光绪十一年至十四年间，在澎湖、基隆、安平等地增修炮台，购置数十门新式大炮，设立制造军械火药的机构。

6.颁行邮政。光绪十四年设立台湾邮政局，发行邮票，购置邮船，通行于台湾各港口及上海、福州以及海外等地。传递文件，沟通信息。

7.设有关财政经济的招商、煤务、樟脑、石油、硫黄各局。开发资源。开放茶叶市场。发展贸易。

…………

这些建设计划都是适应时代要求，吸取国外有益经验，有利台湾走向开辟发展兴旺道路的措施。但是刘铭传面临着三方面的压力。一是吝啬的清政府感到凭空增添了一笔有关新措施的支出。二是朝廷中的旧官僚认为这是"夷化"，制造攻击舆论。三是开发资源，侵犯了当地绅商的既得利益。刘铭传受到各方的压力与牵制，整个计划难以完全顺利地推行，终于在光绪十六年以病辞职。继任的邵友濂因循畏葸，无所作为，台湾的开发建设终告中断。

三、对刘铭传开发台湾的评价

对历史人物的评价，有的可以进行全面地历史地评论，有的则可择其一生中最光辉的亮点，论其贡献，激励后来，那就无须详论其功过。我们历来习惯于在评论历史人物时，用一分为二的方法。这固然是对的。但我认为，任何历史人物在后世看来均有其时代的局限性。而当论及有些人物突出的历史贡献和功业时，可以不必不论前提，不分场合，人人均加上一个不足的尾巴。如林则徐是功绩彪炳史册的民族英雄，尽可以宣传其反侵略的爱国行为和关心民瘼的民本思想，用以鼓舞我们在和平崛起进程中，树立以爱国主义为核心的民族精神。不必在充分肯定之余，又强调他在陕甘和云贵某些镇压反抗等所谓的历史的和阶级的局限等不足之处。我认为对历史人物虽然要作全面的历史的评价，但应从大节着眼以论功过。如刘铭传曾有镇压太平军、捻军的罪过，但他有抗法保台、开发台湾的重大民族功绩。我们固然可以一分为二地全面论述刘铭传的功过。但当论其开发台湾时，似乎不必在整个论述后面，"但书"其另一面。过去有些史家对刘铭传开发台湾，即突出论其功业而略其他。如台湾爱国史学家连横在写作《台湾通史》时，特为刘铭传立了专传，详尽地论述其开发台湾之功，并以史家笔法总评其功绩说：

> 台湾三百年间，吏才不少，而能立长治之策者，厥惟两人。曰陈参军永华，曰刘巡抚铭传，是皆有大勋劳于国家者也。永华以王佐之才，当艰难之局，其行事若诸葛武

侯。而铭传则管、商之流亚也。顾不获成其志，中道以去，此则台人之不幸。然溯其功业，足与台湾不朽矣。

陈永华是帮助郑成功收复台湾、经营台湾的功臣。连横不仅以刘铭传与其相并列，更将刘铭传提高到与古代改革名家的管仲、商鞅比肩的地位。可谓仰之弥高。而对其"不获成其志"表示无限的憾意。即使如此对刘铭传开发台湾的功业仍认为"足与台湾不朽矣"，给予了超越陈永华的极高评价。《清史稿》不仅将刘铭传置于淮军诸将类传中的突出地位，并在传尾史家的论赞中评称："刘铭传才气无双，不居人下，故易退难进，守台治台自有建树。"充分肯定其守台治台两大功业而略其镇压起义的事迹。1926年，商务印书馆曾出版袁克吾所著《台湾》一书。作者在其专著中论述刘铭传之成就说：

> 刘为安徽合肥人，富于创造力，思想稳健，饮酒赋诗，有儒将风。治台之声誉载道，东西人士皆敬之。任职之时，劈头计划，即移台南之政厅于台北，以为省会。划一民地番界，招抚内山之番人垦开荒地。设学校，以致番童。尝抱"德以怀之，威以畏之"之义临番人。此外如军备之整顿，交通之扩张，农工商业之奖励，调查土地，改良地租，无不次第举行，是为台湾进化时代。

诸家不仅给予刘铭传以毫无异议的应有的正确评价，也给我们如何评论有特殊贡献的历史人物以启示。像刘铭传这样一位历史人物却长期以来未能在我们大陆近代史的各类著述中给以一定的篇章，几近于湮没。直到近几年因台海问题的日益突出，方进入研究者的视野，而取得一定的成效。史学界召开有关的学术研讨会，当代史家撰写了大量的论著，对刘铭传几乎一致地给予认定与推崇。台湾著名史学家郭廷以曾说，"由于刘铭传的努力，甲午战前台湾成了全国最具有近代化基础的省份"，"刘铭传是近代中国的杰出人物，更是台湾史上应当特笔大书的人物。他的丰功伟绩实在不在郑成功之下。郑成功光复台湾，刘铭传除保全之外，还复予以建设。近代台湾的政治国防，经济交通，文化教育，均在他手中树立了规模，奠定了基础"。大陆史学界的研究状况也有明显的进展。致力于安徽历史文化研究的学者翁飞曾撰有《一九四九年以来大陆刘铭传研究综述》一文，概括了有关刘铭传研究的基本状况，对刘铭传防护台湾、治理台湾的功绩都持肯定态度。不仅如此，刘铭传事功的影响，源远流长，啧啧人口。台湾人民一直在怀念其功绩。台湾有以铭传命名的大中小各类学校。我在多年前访台时，还亲去访问过颇具规模的铭传学院。现已升格为大学。最近我托我定居在台湾的胞弟亲自访问铭传大学的负责人。知道他们与刘铭传毫无宗亲、血缘与经济等方面的关联，只是仰慕这一人物对台开发的劳绩而已。在基隆尚有一条刘铭传路。由于台湾问题日益受到重视，刘铭传又再一次遇到身后新的机遇。在新的历史时期，刘铭传自然地受到人们，特别是文史界的瞩目。影视、论述的相继出现，逐渐形成一种"刘铭传热"。这一次又借台湾建省百二十周年之际，在刘铭传的出生地召开海峡两岸学者共同参与的纪念会，将更大地推动刘铭传研究的前进。通过两岸学者的努力，行将在中国近代史册上塑造一位熠熠发光的历史人物，增添一位值得纪念，值得研究的历史人物。

2005 年 9 月写于南开大学邃谷

〔附〕

想起刘铭传

历史上有许多建功立业的人物，但大部分随着历史洪流的冲刷，渐渐被淹没。另有些人遇到时代的机遇，重新从遗忘中浮现出来，为人们所瞩目。在清代晚期曾有一位出身行伍，并为清政府立有战功，身跻封疆大吏的人物。但他的事功，并不为人所熟知，在官书上也不过有一些履历性的记述。不意近几十年，由于台湾成为时代的敏感点，而这个人又为台湾做过许多令人难忘的好事，于是不少人想起这个人，而把他重新提到历史的祭坛上。他就是"淮军"将领刘铭传。

刘铭传（1836—1895），安徽肥西人，以军功起家，是李鸿章淮军手下"铭军"的首领。平生很注重建功立业。曾自誓说："生不爵，死不谥，非丈夫也。"他一生做过三件大事：镇压太平军、捻军起义，抗击法国侵略者进犯台湾和开发台湾建立省制。其中开发台湾所建立的丰功伟绩，不仅是刘铭传一生事业的最亮点，也是晚清时期最值得纪念的历史光彩，更是台湾史上划时代的里程碑。正因如此，不能不令人想起刘铭传。

刘铭传的前半生虽有镇压反抗的历史罪过，但他曾为历史做出难以估量的文化贡献。同治三年的春夏之交，刘铭传在攻陷江苏常州，住在太平军护王府的某个夜晚，正在似睡非睡的时候，突然听到院内有金属撞击声而引起他的警觉，便令护兵搜寻。终于在一个马厩中发现，是马的铁龙头和马槽的碰撞声。经过仔细辨认清洗，原来马槽是一件青铜盘，底部刻有籀文百余字。刘铭传知道这是件宝物，偷偷命人运回老家。后经考证，这件宝物原是公元前816年周宣王时的青铜制品，名"虢季子白盘"，是传世最大的西周青铜器。这一发现是对古器物史的一大贡献，但也给刘铭传和他的家族带来若干麻烦。不仅当时得罪喜好古器物的朝廷显要，后来也不时受到外国古董商的骚扰和权势者的豪夺。不过他最终抵制住了种种觊觎和垂涎。新中国成立后，他的后裔把宝物献给国家，与毛公鼎、散氏盘并称为我国三大青铜器国宝。

刘铭传的第二件大事是，中法战争时期，受命抵抗法军的进侵台湾。他力排众议，运用出奇制胜的战略战术，击退法军的进犯，取得防护台湾的辉煌胜利。这次抗法防台的战事也引发他对台湾地位重要性的认识，对他以后致力于开发台湾，给予了重要的启示。

对台湾建省开发，是刘铭传的第三件大事，也是他一生事功的顶峰。台湾自古以来是中国不可分割的一部分，但不断为若干侵略者所觊觎。明朝亡后，郑成功驱逐荷兰占领者，自建政权，孤悬海外。清康熙帝在他即位的第二十二年时，统一了两岸。第二年就正式将台湾置于福建巡抚统辖之下，设立府一级的政府机构。经历了二百年的开辟经营，到了光绪初年，一些有识之士，渐渐感到台湾是资源丰富、战略地位重要的地方,而美、英、日等帝国主义更虎视眈眈地要吞吃这块肥肉,议论纷纷,甚至引起朝野的关注。经过王公大臣和各省督抚的讨论,终于在光绪十一年(1885),清政府决定在台湾建立省一级的机构,并任命原任福建巡抚刘铭传为首任台湾巡抚。

刘铭传得知自己的任命后,没有沉浸在功名利禄中,而是冷静地思考台湾的未来利益。他考虑建省条件尚未成熟而一面奏请缓建,一面提出"办防、练兵、清赋、抚番"等四大重点,积极进行筹建工作。光绪十三年正式建省,刘铭传积极推行各项措施。首先建立省的各级机构,设三府、一州、十一县、三厅,完成直属中央的正规体制。修筑基隆与恒春间的铁路,为练兵造器、繁兴商务提供方便,建立学堂以灌输新知,整理田赋以增加岁入,颁行邮政以传递沟通信息,招商开发资源以发展贸易等。他虽然只在台短短六年,但他的作为,确实取得突出而辉煌的成绩。

刘铭传的这些建设计划,都是适应时代要求,吸取国外有益经验,有利于台湾走向开辟发展兴旺道路的措施。但是刘铭传却面临着三方面的压力:一是吝啬的清政府感到凭空增添了一笔有关新措施的支出;二是朝廷中的旧官僚认为这是"夷化",制造攻击舆论;三是由于招商开发资源,侵犯了当地绅商的既得利益。刘铭传受到各方的压力与牵制,整个计划难以完全顺利地推行。刘铭传终于在光绪十六年心力交瘁地抱病辞任。继任的邵友濂,因循畏葸,是一个无所作为的官僚。台湾的近代化建设遗憾地中辍。

刘铭传对台湾建省开发的功绩,为后世史家所颂赞。连横的《台湾通史》为刘铭传立了专传,把他提高到与古代改革家商鞅、管仲的比肩地位,认为刘铭传的在台功业"足与台湾不朽矣"。《清史稿》不仅把他突出于淮军将领之中,还肯定他的"守台治台,自有建树"的功绩。八十年前有一部题名《台湾》的专著,极加推崇,说他"治台之声誉载道,东西人士皆敬之",并历举其各项有效措施,认为刘铭传时代"是为台湾进化时代"。近年,两岸一些史学家也多有赞扬性的一致评说,认为"近代台湾的政治军事,经济交通,文化教育,均在他手中树立了规模,奠定了基础"。不仅如此,刘铭传事功的影响,源远流长,口碑载道。台湾人民一直在怀念他的功绩。台湾至今尚有以他名字命名的大中小学。基隆还有一条刘铭传路。我曾亲访过一些铭传学校的负责人。都说与刘铭传无宗亲、血缘和经济等方面的关联，只是仰慕这一人物对台湾开发的劳绩而已。

　　当前由于台湾问题日益受到重视。幸运的刘铭传又遇到身后再一次的新机遇。今年正是台湾建省120周年，人们因刘铭传曾为台湾建设付出过的心血而想起他，想起他对台湾开发的功绩，想起他不该受到的冷遇。刘铭传的名字将更深地印在每个关心两岸统一事业的人们心中。

黎庶昌与日藏汉籍的回归

在日本有许多文库和图书馆都庋藏有质量俱佳的中国古籍，通常称之为日藏汉籍。如静嘉堂文库是为中外学者所熟知的一座日藏汉籍的专业图书馆，它以晚清四大藏书家之一的归安陆氏皕宋楼藏书为基础而创建。天理图书馆是天理大学所属，也收藏有国宝级的汉籍。其他尚有为数甚多的文库和图书馆都藏有数量不等的汉籍，有不少属于珍本秘籍。

汉籍流日，由来盖久。据日本最早一部汉籍目录——《日本现在书目》所载，9世纪末日本从中土所得汉籍已达一千五百七十九部、一万六千七百九十卷。从当代日本著名学者、关西大学教授大庭修博士在其所整理和编写的《舶载书目》二巨册中可以看到江户时代汉籍流日的盛况。1961年冬，东洋文库的东洋学信息中心所编一部有关的汉籍目录集成之中，又汇编了从江户时代到昭和三十六年日藏汉籍各藏书点的汉籍目录。从这些书目中可以看到中国古籍在日本的庋藏状况，但当我面对某些被定为"国宝"或"文化财"的善本珍藏时，不禁黯然神伤，也不由得不引起我对为日藏汉籍回归曾做出贡献的近代开放性人物黎庶昌的怀念。

黎庶昌（1837—1897），贵州遵义人，曾于光绪初年先后出使欧洲与日本。他于光绪七年出任驻日公使时曾经做过一件对华夏文化功绩卓著的大事，那就是日藏汉籍回归祖国的工作。他在莅日的次年即委托近代历史地理学家、使馆人员杨守敬专司其事。杨守敬受命之后，日日物色，并依据日本学者森立之所撰《经籍访古志》抄本，搜求达数百种。黎庶昌从中选刊了二十六种在华已散佚的珍籍，成《古逸丛书》。它虽篇帙不大，但却自具特色。

《古逸丛书》的选书范围博及四部：经有《尔雅》、《论语》，史有《史略》、《汉书·食货志》，子有《老子》、《荀子》，集有《楚辞集注》、《草堂诗笺》等，使四部古逸典籍各有代表。

《古逸丛书》的版刻搜求比较广泛。它复刻者上起唐写本、旧抄卷子本，下至宋元精刻，旁及日本翻刻本、影抄摹本及高丽本，使人可略窥各种善本佳刻的面目。《古逸丛书》的版刻工艺甚精。它由日本最佳刻书手木村嘉平等镌刻，反复琢磨，不肯草率，往往每一字有修改补刻至数次者。如《穀梁传》无一笔异形，被名家认为宋以来所未有。黎庶昌的古籍回归工作不仅限于《古逸丛书》，他还访求和经眼了多种有重要文献价值而未获刊行的古本汉籍，使人了解中国古籍的流向线索。有些也校其异同，笔之简端，如以今本与初唐写本《左传》相校的资料，后被整理为《春秋左传杜注校勘记》刊行。

黎庶昌还在日本购书回归来充实旧藏，如购南藏佛经赠遵义禹门寺，使该寺藏经佛楼为之增色，也使日人见中华人士珍视故国文物之爱国精神。今距黎氏诞生已一百五十五年，贵州省特为举办国际会议，以纪念其爱国精神。稽其行事，实可无愧。黎庶昌之后五十余年，有周叔弢不惜重价购回已流出国外的善本书。他从日本东京文求堂主人田中庆太郎所巧取的中国善本古籍中，曾以大价收回宋本《东观余论》、原本黄尧圃跋《黄山谷诗注》及汲古阁抄本《东家杂记》等书，而于宋本《通典》则以价昂筹款不及，后被日本定为国宝，无法买回。我在天理图书馆承金子和正教授破例出示有双鉴楼藏章的宋刊《通典》蝶装本，既叹其精美，而面对故物，又不禁唏嘘！

徐树兰与古越藏书楼

19世纪末,维新思潮在中华大地上日益蓬勃发展,西学和西方一些新事物为更多人所欣赏和接受,特别是维新派人士在探索国家富强道路的过程中,逐渐认识到文化教育的重要性,也认识到图书馆在社会教育中的重要作用。朝野间时有这类的强烈呼吁。在1896年底的《时务报》上就不断出现建立图书馆的建议。如汪康年的《论中国富强宜筹易行之法》中说:"今日振兴之策,首在育人才,育人才必能新学术,新学术必改科举,设学堂,建藏书楼。"其意已寓建立开放型图书馆之义,只是名称尚沿用藏书楼之旧而已。而孙家鼐在《官书局开设缘由》中则正式揭出图书馆之名说:"泰西教育人才之道,计有三事,曰学校,曰新闻报馆,曰图书馆。"正因有这类宣传鼓动的言论,所以在戊戌变法时,无论学会、学堂、报馆、译书馆等,都有类似图书馆之类的藏书机构。这些机构虽然随着变法失败而夭折,但建立近代图书馆的思想却在广大知识群中产生了深远的影响。特别是经历了庚子、辛丑的奇耻大辱后,更加刺激了社会上启迪民智,开拓新知的要求。开办新式图书馆的行动已在某些有识之士中酝酿策划。绍兴士绅徐树兰及其所创建的古越藏书楼就是20世纪初首开这一风气的人和事。

一、徐树兰的生平

徐树兰(1837—1902)是20世纪初颇具声名的人物,在一些有关著述中很容易找到他的生平事迹。所记内容,或繁或简,大都近似。其中唯有薛炳所撰徐传,述其一生事迹,最为简要。传云:

> 徐树兰,字仲凡,号检庵。山阴(浙江绍兴)人。光绪二年举人,授兵部郎中,改知府,以母病归,不出。任地方公益,如筑捍海塘,建西湖闸,创设豫仓。每筹本省及各省赈款至数十万金,以及设救疫局,置赡族田,建清节堂,集相验费,皆有案牍可稽。尤留心三江口水利,著有《引清涮淤议》。议上,官厅难其事而止。捐千金开办中西学堂。其后改为绍兴中学堂,归官办。树兰垫费至四千余金,未偿。复捐赀建越中藏书楼。延慈溪冯孝廉一梅编纂书目。又至昆山新阳购地开荒以兴农业。皆粗具规模,未

> 竟其绪！光绪二十八年五月卒，年六十五。子元钊、尔毂、嗣龙、维烈。

徐氏一生事业，大致具备，唯未著其清道光十七年生，或薛氏以已著卒年与享年则生年自可推知。至于越中藏书楼之名或为创意时曾有此说，而在正式申报筹办时，则定名为古越藏书楼。所记子嗣四人，据尔毂之子徐世燕提供的徐氏世系资料，可知元钊原名维康，字易园。尔毂原名维新，字显民。嗣龙原名维咸，字宜臣。维烈则字武承。从这篇小传中看到，徐氏一生事业的重点似在发展农业和兴建以藏书楼为名的近代图书馆，而后者尤为其事业的重中之重。

二、兴建古越藏书楼

徐树兰甘愿捐巨资兴建古越藏书楼，虽因维新思潮的影响，但更直接的原因在于受到西方新事物的启发。他曾在《为捐建古越藏书楼恳请奏咨立案文》中一申其说云：

> 泰西各国讲求教育，辄以藏书楼与学堂相辅而行。都

会之地，学校既多，又必建楼藏书，资人观览。英、法、俄、德诸国，收藏书籍之馆，均不下数百处。伦敦博物院之书楼，藏书之富，甲于环球。一切有用之图书报章，亦均分门藏去。阅书者通年至十余万人。日本明治维新以来，以旧幕府之红叶山文库、昌平学文库，初移为浅草文库，后集诸藩学校书，网罗内外物品，皆移之上野公园，称图书馆，听任众庶观览。其余官私书籍馆亦数十处，藏书皆数十万卷。一时文学，蒸蒸日上，国势日强，良有以也。

徐树兰环顾和考察了海外图书馆的发展趋势及其对社会之效能，启发他准备以个人力量筹建具有类似东西方图书馆性质的藏书机构。他曾在光绪二十五年（1899）开始在绍兴府学堂创设"养新书藏"，并由主持校务的蔡元培手订《略例》十五条，为第二年兴建古越藏书楼提供了可资借鉴的规章制度和实践经验。古越藏书楼的创建年代，各书有1902年与1903年的异说，实则当时人张謇在所撰《古越藏书楼记》中早有明确说法道："其事集议于庚子，告成于癸卯"，也就是说，古越藏书楼创始于光绪二十六年（1900），光绪二十八年（1902）四月，即徐树兰卒前一个月，建楼的一切章程规制及工程，已基本完成。光绪二十九年（1903），藏书楼全部告成。光绪三十年（1904）正式向全绍兴公众开放阅览，博得当地人士的交口赞誉。正如张謇在《古越藏书楼记》中所说："楼成，其乡之人大欢。"中国第一个开放型的私人图书馆由此诞生！同时徐氏久所憧憬的"以藏书楼与学堂相辅而行"的追求也得以实现。

建楼伊始，徐树兰主要抓了两件大事：一是斥资八千六百余两白银，在绍兴城西古贡院处购地一亩六分，"鸠工营造，名曰古越藏书楼，以为藏书之所"。二是将"所有近来译本新书以及图书标本、雅驯报章，亦复购备"，共用银二万三千五百六十余两。二者相加共用银三万二千一百六十余两。但徐氏呈文称共用银三万二千九百六十余两，两任浙江巡抚的折片中则均称用银三万三千余两。前后相差八百余两。这个差额，可能是一次性支出后，陆续购进桌椅器物和杂支等。藏书楼的规模是前后四进。头三进是高楼，为藏书所用。第二进的中厅是公共阅览室，备读者阅览。门面是高墙小门和第一进相连。门楼犹存，已被修葺一新。后三进则尽圮，左右侧共墙尚存，壁上留有柱痕，存础尚可见数个。

三、藏书建设

徐树兰原是绍兴一藏书家，他之所以有建楼之议，就是准备公开私藏供社会所需。当建楼之议已定，徐氏首先将"家藏经史大部及一切有用之书，悉数捐入"。但徐氏是一位具有先进思想和眼光的士绅，不局限于传统旧籍的公开，而是在继承传统文化的基础上，更加开拓创新，传播新知，以启迪民智。于是又以两万余两的巨款购进已译未译的东西方著述和图书标本及报章等，共有藏书达七万余卷。细检书目可能超过八万余卷，作为私人藏书楼，应算是入藏量比较丰富。徐氏公开私藏的义举，曾得到张謇在所撰《古越藏书楼记》中给予的高度评价说："今先生独捐世舍故，不以所藏私子孙而推惠于乡人。謇知其子孙必能嬗守而不失，亘千祀历万劫而无已也。"

古越藏书楼的藏书特色在于兼收并蓄。不仅收古人著作，也收近代人著作。如一些解经之作，既有汉、魏的郑、马、服、贾著作，也有近代俞樾、陈澧的著作。不仅收华人著作，也收外国人著作。如物理学方面，既有晋张华的《博物志》、明方以智的《物理小识》等多种华人著作，也收藏有英国人艾约瑟的《博物新闻》、美国人丁韪良的《格物入门》和日本人饭盛挺造的《物理学》上编等多种著作。其中某些学科没有华人有关著作，就全部入藏外人著作。如热学、气学等学科，就全为英美人著作。所藏外人著作包括已译未译。不仅有某一学科的宏观著作，也有对极其具体事物的论著。如在动植物类中，入藏有英国人傅兰雅的《论苍蝇》。不仅有专门性著作，也有一般性的教科书。如舆地类就有张相文所编的《中等地理教科书》和《初等地理教科书》。不仅藏文本，也藏图册。如教科画、地图、实业图、器械样本图和动植矿物样本图等。所藏对版本的要求，并不单纯追求珍善，而侧重于切实易得。如有不少是《小方壶斋舆地丛钞》、《说郛》、《玉函山房丛书》、《格致汇编》等丛书本。所有这些都显示着古越藏书楼的藏书建设并不墨守成规，而具有顺应时代潮流，映射社会所需的特色。这种与时俱进的藏书特色已非过去以藏为主的旧式封闭式藏书楼那样，而是转变为以用为主的开放性藏书楼了。

四、订立章程

《古越藏书楼章程》（以下简称《章程》）是徐树兰亲手制定的建楼整体规划。它不同于传统藏书楼制定的多方限制的繁文缛节，而是尽量以用户方便为主的一份崭新章程。据徐树兰在呈报文件中声称，他是"参酌东西各国规制拟议章程"的。所以是一份值得重视的图书文献。也可以说,它是图书馆法的先驱文献。

《章程》共分七章三十节。有光绪二十八年古越藏书楼单刻本。书名系何寿章所题。《章程》开宗明义即申明其建楼宗旨是"存古"与"开新",并为使更多人了解建楼的真实意图,特加释义,阐明其所以立此宗旨乃为针对当时"详古略今"和"尚近蔑古"的时弊。徐氏认为"不谈古籍无从考政治学术之沿革,不得今籍无以启借鉴变通之途径"。在《藏书规程》一章中划定了藏书楼的入藏范围与标准。其中值得注意的是对已译未译的东西方图书的收藏,并释义称:"已译者供现在研究,未译者供将来研究(已通外国文字者)及备译。"这表明古越藏书楼的开放,已不止于借借还还,而是准备为研究者、译书者的长远研究提供资料,含有当代研究图书馆的意味。藏书中农学用书较多,不仅有欧西人著作,还有不少日本人的著作,体现了徐氏"以农为本"的务实思想和包容多国别、多学科的博涉思想,颇为接近近代图书馆的广泛服务性。《管理规程》章中,规定了藏书楼的管理体制。全部人员包括总理一人、监督一人、司书二人、司事一人、门丁一人、庖丁一人、杂役一人共八人,并各有职责规定,井井有条。《阅书规程》一章是全章程的中心内容，共十五节，占全章程之半，纯从读者用户利益着眼，充分体现徐氏仁人爱物的人文思想。藏书楼特将第二进中厅作为阅览室，设六十座位，备读者阅览。从目前遗存的失修情况看仍不失为明亮宽敞的读书好场所。每天上午九至十一时，下午一至五时向公众开放六小时，凭牌进楼，对号入座，凭牌与发书单借阅，但不外借。座满则来人需在外候牌。图书如有污损，照章赔补。藏书均盖用戳记，据今人考察，曾用"古越藏书楼图记"、"会稽徐树兰捐"、"会稽徐氏检庵见本"（《中国藏书楼（一）》）。尤其值得注意的是，徐树兰在制定章程时关注到读者往返就食的烦劳，特在第二十五节中规定读者可自备膳资委托藏书楼庖丁代办三餐，又免费供应茶水。其服务的细致周到，不仅体现徐氏的仁人之心，亦以见其所具现代图书馆的服务意识。徐氏为扩大馆藏，发动社会力量，在章程第六章中特以专节申明"有愿出资助益及助益书籍者均拜嘉惠"，并在赠书上标出"某某惠赠"字样以示诚意。徐树兰还创立了一种"存书"制度，凡有将私藏暂存入楼者，即给收据，并加盖"某某存"和"本楼新设存书之例，如欲取还此书，缴回本楼收据即可发还"。他通过多种途径，动员更多社会人士参与这项重要的公益事业。

古越藏书楼虽未能完全摆脱传统影响，仍然沿用藏书楼的名称，但从这份章程考察，它已具有西方公共图书馆特色，是一座具有开放性质的私人公共图书馆。徐树兰固无愧为中国近代图书馆的创始者。

五、编制《古越藏书楼书目》

《古越藏书楼书目》的编制，前后有两次，一次是在徐氏将家藏和新购各图书一并捐献时所编书目，似由徐氏自编，共六册三十五卷。曾有刻本，今未见。其分类仍然在传统分类影响下，分为经、史、子、集和实务等五类。后来可能在实际运作中发现有很多不适应处，于是又很快延聘慈溪举人冯一梅（冯字梦香，光绪二年举人，曾任绍兴府学堂教习）重编，将全部中外藏书，统分为学、政两部，各分二十四类，共四十八类，改编成二十卷，创立了许多新鲜类名。并将收书和分类原则订入章程第三章第三节中，以作永制。新编书目于光绪三十年由崇实书局石印，即今传世本。

《古越藏书楼书目》二十卷。分两大部，即学部与政部，各十卷。每部分二十四类。学部包括原四部分类中的经子集，再增入近代物理、医学、天算等科学。政部包括原史部，又增入地理、外国史、外交、教育、军政、法律、农业、工业、美术、占卜和稗史等。虽没有完全冲破旧的分类法，但增加和创立了若干新类，特别是有关近代科学的内容，自有其创意。其学部各类均于类名下增一"学"字，而政部各类则无"学"字。此或徐氏以学部各书多为学理探讨而政部则为用世之作。书目所收各书均著录书名、卷数、作者和版本，项目基本完备。不过由于编目时间匆促，刚刚接触新事物，其分类令人感到有些凌乱，间或著录有不确切和不完整处。如政部谱录类著录《李寒支岁记》一卷，编者为"子李权编"。检核原书，则书名为《李寒支先生岁纪》，而编者为"李世熊自编　李权续编"。查该谱系谱主李世熊自编自出生之明万历三十年至清顺治三年，而其子李权则自顺治四年续编至康熙二十五年谱主之卒，故不应独著李权编。在各类之末，时有附注，说明其著录范围。如"正史兼补表补志考证"类后附注说："凡专考一史，或兼考数史，皆随附于本书，考全史者附于后。"在纪事本末类下也附注说，"马骕《绎史》入古史类，其余涉兵事者如《绥寇纪略》及《圣武记》、《湘军记》诸书，均已入军政战纪类，故所录止此"。类下之小类则分列较细，如诗总集下又分数细类，如"诗总集数代合编者"、

"诗总集各代分编者"、"诗总集以地分编者"、"诗总集以姓分编者"等。类书则分汇考、辑古、摘锦等三小类。《古越藏书楼书目》虽尚有微瑕，但它力求突破传统四分法，独辟蹊径，自创新意的精神，是应予肯定的。现代目录学家姚名达曾评论《古越藏书楼书目》说："谈最早改革中国分类法以容纳新兴之学科者，要不得不推《古越藏书楼书目》为最早也。"充分肯定了《古越藏书楼书目》的创新之功。

六、结束语

古越楼的建成至今已有百年。创始人徐树兰的逝世至今也已有百年。其业绩与影响是应为后人所尊崇。为之举办纪念活动，更是绍兴这座文化名城义不容辞的职责。古越藏书楼虽然沿用千百年来所袭用的名称，但是它的性质和内涵已完全不同。它改变了几千年来以藏为主的藏书习惯，无私地将家藏图书向社会公众开放，向以用为主的藏书思想转变，并施之于实践。这是中国藏书文化的一大发展和剧变，开启了近代开放型图书馆的先河。在古越藏书楼的影响下，20世纪初，全国各省相继掀起建立公共图书馆（个别以藏书楼为名）、学校图书馆和专门图书馆的热潮。古越藏书楼开一代风气之功，足以彪炳于史册。近代图书馆事业随着社会发展而日益蓬勃，古越藏书楼也几经沧桑变化，终于在全社会的关心下发展成今日的绍兴图书馆。从开放型的古越藏书楼发展为更加开放的绍兴图书馆的百年历程，非常灿烂地显示着伟大的中华民族对文化需求的日新月异的精神。

与此同时，人们也不能忘却古越藏书楼的创始人徐树兰在中国近代图书事业上的特殊贡献。他以具有维新思想的地方绅士的身份，谢绝仕途，锐意于地方公益事业。他远远地超越了既往无数藏书家，毅然"举其累世之藏书，楼以庋之，公于一郡。凡其书一若郡人之书也"，尽出家藏并购备新书刊，向社会开放，实属难得。当今捐赠家藏化私为公者比比，或不以为奇，而百年前这种"不以所藏私子孙而推惠于乡人"（张謇：《古越藏书楼记》），甘于奉献的行动，亦可谓大勇者矣！薪火不绝，徐氏有知。视今日绍兴图书馆之馆舍宏丽，藏书盈室技术手段先进，公众受益无穷，喜其百年夙愿之得偿。我也何幸，既得闻开放图书馆之旧事，复亲临开放图书馆之胜地，欢欣莫名。爰记徐树兰与古越藏书楼始末，以记徐公，并祝绍兴图书馆腾跃发展，广积庋藏，更新技术，润泽公众，造福社会。我将为之颂祷焉。

陈作霖与金陵文献

陈作霖，字雨生，号伯雨，晚号可园、可园老人。江苏江宁人。生于清道光十七年（1837），卒于民国九年（1920），享年八十四岁。清光绪元年三十九岁时成举人，未求仕进，即以授读、校书、修志、著书为业。晚年曾自述一生履历称："予生平不务进取，然役于公家者不外文学之一途。其庚子以前，则上江雨县志局分纂、江宁府志分修、崇文经塾教习、金陵官书局分校、奎光书院山长。庚子以后，则编译官书局分纂、南洋官书局帮总纂、元宁学堂总教习、元宁县学堂堂长、学务处参议、崇粹学堂堂长、南洋图书馆司书官、江苏通志局总校兼分纂。"这些经历为他从事学术工作提供了重要条件，使他能博涉多通而著述宏富。他一生著书数十种。其曾孙陈鸣钟（已故中国第二历史档案馆研究员）为撰《可园老人著述目录》，具载所著书目录。所以，陈三立论陈作霖的一生成就即称："凡省府县志局、书院、学堂、官书局、官报局、图书馆之属，先生皆亘董其役终其身，因以著书百数十卷，跻为通儒。"陈氏曾自述生平撰《可园备忘录》。1985年陈鸣钟兄曾洗印一辑惠赠，并题称：

> 先曾祖陈作霖先生《可园备忘录》原稿本抗日战争期间散失，辗转为前国立中央图书馆所有。建国后，又归南京图书馆珍藏。近年来，搜集先曾祖遗稿，每以不得此稿为恨。今荷来新夏教授垂注，并承南京图书馆惠予缩微制片，凤愿得偿，不胜雀跃。谨复洗一辑奉赠来新夏教授以志云天高谊云。
>
> 陈鸣钟谨识于中国第二历史档案馆，一九八五年十二月十四日。

陈作霖所撰金陵风土小志有五种。除著名的《凤麓小志》四卷和《运渎桥道小志》、《东城志略》、《金陵物产风土志》等四种已收《金陵琐志五种》外，尚有《炳烛里谈》三卷别行。

《凤麓小志》系《金陵琐志五种》的第二种，经始于光绪十二年。是年陈氏就馆于凤凰台山麓李宅。每当春秋佳日，辄与学生、儿子"陟跻冈阜，搜胜探奇，就父老以咨询，感古今之兴废，归即审阅故籍，证以见闻，件系条分"。旋因事中辍。十年后，于光绪二十五年又在友人怂恿下，重加整理。"散者萃之，缺者补之。"经三月而成书四卷。陈氏曾自序全书纲目说：

> 分志地、志人、志事、志文四大纲。为考三、述二、记五、录二共十有二篇，命之曰《凤麓小志》。

是书以凤麓为限，所记以南京西南隅为界。其考、述、记、录各篇记述皆称详备，又有双行小注补充解释，均足供编纂南京地方史志参考，尤以五记更有史料价值。如卷三《记灌园第六》记南京西南城菜农四时经营状况说：

> 金陵城西南一隅……最宜于蔬。习是业者购得嘉种，躬亲灌溉。老圃之利，较农为优。其在春风始和，冰冻消释，曰韭曰苔，乃始生殖，花散金黄，茎敷玉碧，入市炫新，三倍论值。南薰司令，梅雨连绵，匏壶瓠荚，藤蔓引牵，架萧束苇，散布田间，离离相次，若蚕簇然。秋意乍凉，新霜示警，瓜畴芋区，实垂弥顷，篱豆清阴，晚菘上品，乡味之佳，伊谁与并。荒寒畦垅，倏届严冬，剧飘儿菜，掇雪里蕻，芹芽萝卜，色间白红，其甘媚舌，不羡肥酸。每当晨露未晞，夕阳将落，担水荷粪之人，往来若织，

不肯息肩，力耕者无此勤也。

卷三《记机业第三》已为多年来研讨资本主义萌芽问题者所经常征引。其叙述南京丝织业情况极为详尽，如记兴盛说："乾嘉间通城机以三万计，其后稍稍零落，然犹万七八千。"记销行范围说："北趋京师，东并辽沈，西北走晋绛，逾大河，上秦雍甘凉，西抵巴蜀，西南之滇黔，南越五岭，湖湘、豫章、两浙、七闽，泝淮泗，通汝洛，冠服靴履，非贡缎，人或目笑之。"国内市场几遍全国，衣被天下，确非虚议。其记与机织有关行业有丝行、染坊、纸坊、机店、梭店、挑花行等不下十余，无不是机户的附庸。其他尚记及缎匹成色、缎机名目、络工与织工身份等资料，不啻为南京机织业的资料长编。同卷《记诸市第八》记南京西南隅柴市与鱼市的市集状况，具体生动，可见当时集市之繁盛。其《记倡义第九》记缎商吴长松潜伏城内，混入太平军，窃取机匠衙机业总制职位，勾结反动势力，组织阴谋集团，进行内部颠覆活动及镇压太平天国的经过。

书前除自序外，尚有例言五则确定著作体例。附图五帧即《城西南隅街道图》、《凤凰台图》、《愚园图》、《织器图》、《铸造银元制钱机器图》，图面清晰，可供参阅。书后有吴光国后序,徒事赞誉,无关理要。

是书为中华书局印行《金陵琐志五种》之一种,成书次序为第二,因较其他小志著名,所以首言其书。原有光绪二十五年己亥可园刊本,另有1963年十竹斋重印《金陵琐志八种》本。

《运渎桥道小志》为《金陵琐志五种》之第一种,成书时间最早。原有光绪十一年冶麓山房刊本,另有十竹斋重印《金陵琐志八种》本。

《运渎桥道小志》以南京城内运河为主,记其周围十里桥道方位。辑其旧闻,兼及人事。撰者于书前小识中言其书内容为:

> 以水为经,以桥为纬,街衢四出,十里而遥,远述旧闻,近稽时事。

是书以桥道方位为纲,下列纪事为目,目下以双行小字为注。辑录史料,补充事迹。眉目清醒,内容详备。得著作之要旨,利读者之翻检。

所记虽偏重地志,但也注意社会经济状况。如记商业则有果子行口之"肉腻鱼腥,米盐杂糅,市廛所集,万口一嚣",江西会馆附近有"纤麻、瓷器之肆环之"。记手工业则有斗门桥坡下竹工之"削筋斲桲，比户皆是"，驴皮巷之"攻此者比户而居"，珠宝廊之"嘉道以还，物力全盛，明珰翠珥，炫耀市廛，冶琢之工，鳞比栉次"。记会馆则有中州会馆、安徽会馆、全闽会馆及江西会馆等。

书前有冯煦、秦际唐二序，甘元焕、朱桂桢及顾云题词。书首列《运渎桥道图》，有裨于循读文字。

《东城志略》是陈作霖于光绪二十五年继《凤麓小志》之后所撰，志南京东城。其例仿《运渎桥道小志》，即自序中所谓"山水街道考核綦详，人物艺文未遑专录"。

是书分《志山》、《志水》及《志街道》三篇。于东城之山水街道，皆考其源流，辑其遗闻，兼及人物轶事。内有双行小注以补充事实，亦为讲南京地志之要籍。

书前有自序，叙纂辑缘由。有《东城山水街道图》一帧，标桥道、里巷、祠寺等，颇称清晰。

陈作霖先后撰《运渎桥道小志》、《凤麓小志》及《东城志略》三种以志南京南城、东西隅及城中情况，但仍未得南京全貌。入民国后陈作霖之子陈诒绂（稻孙）依旧例撰《钟南淮北疆域志》以补东北一带。又据顾石公《盋山志》改撰为《石城山志》以补西北一隅，至是南京全城面貌始备。后二书曾合称为《续金陵琐志》二种。

是书列《金陵琐志五种》第三种。原有光绪二十五年可园刊本及 1963 年十竹斋重印《金陵琐志八种》本。

《金陵物产风土志》约撰于光绪三十四年,记南京城与民生日用饮食有关的物产,兼及于风俗。志凡五篇,即《本境植物品考》、《本境动物品考》、《本境矿物品考》、《本境食物品考》及《本境用物品考》等。

《本境植物品考》记土质、土宜及粮、蚕、菜、薪、炭、茶及花竹果木等物产。如记花农经营花卉情况是:"城内五台山民善植梅、宝林寺僧善种牡丹、鸡笼山后人善艺菊。城外凤台门花佣善养茉莉、珠兰、金橘,皆盆景也。"其记近廓农民在宝聚门外米行卖米,朱门及横水桥蚕农养蚕及缲土丝出售以及朱门烧炭者驴驮肩挑而鬻诸市的情况均极详细生动,读之可见当时劳苦者的辛劳。

《本境动物品考》记猪、羊、鸭、鸡、鱼、鸟等的出产与制作。其记南京制鸭也甚详,如鸭原产于邵伯、高邮,驱至南京栏养,百日后制作,有水晶鸭、烧鸭、酱鸭等生熟制品,但撰者认为这些鸭"皆不及盐水鸭之为无上品也"。因为盐水鸭是"淡而旨,肥而不浓",至冬盐渍日久便称板鸭,成为外地人的馈赠礼品。《本境食物品考》记食品、盐、酒等名产如记南京的下酒小吃极富趣味。记称:

> 寻常下酒之物，市脯之外有以油炸小蟹细鱼者，或面裹虾炸之为虾饼，或屑藕团炸之为藕饼，担于市，摇小铜鼓以为号，闻声则出买之。

他如《本境矿物品考》之记雨花石、砖瓦、朱砂、煤等产物；《本境用物品考》之记刻书版、制扇骨、织缎、妇女饰品等行业，所记虽欠赅尽，但大抵能得其要。

书前有撰者小识，述撰书旨趣。书末有附言二则：一则言书中"蔬鱼织业诸篇已见凤麓，兹复重出弗删者，盖事既以类相从一辞即繁而不杀"，用以解释书中若干篇、段有与《凤麓小志》重出者。另一则言此书为所著有关金陵地志的最后一种，但仅此四种，为何又称《金陵琐志五种》，盖第五种《南朝佛寺志》二卷乃孙文川（伯澄）所辑述。陈氏就孙氏遗稿编纂成书，间有辩驳，即注其下。原书例言中已声明其缘由，而陈氏更于《金陵物产风土志》后申言此书为琐志之末，足征陈氏不没孙氏始事之功，而无掠美之嫌。合于琐志五种乃为便于流布，此又陈氏之深意。

是书为《金陵琐志五种》之第四种。原有光绪三十四年可园刊本，另有1963年十竹斋重印《金陵琐志八种》本。

《炳烛里谈》系陈作霖晚年记其平生经历见闻之作。书前有自识记纂辑缘由，自称将平生各种不同的见闻，随笔录之，积久成帙而成为一部"人情风土，信而有征。酒后茗余，借为谈助"的杂著。

是书凡三卷，仍以南京为限，记府第、桥道、庵寺、园林、遗迹、风俗、旧礼、人物、逸闻等。零散札录，远逊《凤麓小志》诸作。若细加披拣，尚有多则可取。如卷上《洋字先兆》条记清末崇洋风气称：

> 道光年间，凡物之极贵重者，皆谓之洋。重楼曰洋楼，彩轿曰洋轿，衣有洋绸，帽有洋筒，挂灯名为洋灯，火锅名为洋锅，细而至于酱油之佳者亦呼洋秋油，颜料之鲜明者亦呼洋红、洋绿。大江南北莫不以洋为尚。

卷下《戏园》一则记南京的戏班、戏园的沿革称：

> 江宁城中向无戏园。道光时有戏三班：一庆福，昆腔也，最重，谓之文班；一吉祥、一四喜，皆梆腔也，稍轻，谓之武班。神庙赛会，官衙庆贺则演之，绅民堂会乃绝无仅有之事。光绪中，仪凤园之开，实属创见。

《炳烛里谈》一书拥清观点最为明显。卷上《小虎将军》、卷中《哀江南曲》、《诗史》、《阳历》，卷下《伪宫楹联》、《湖南会馆》等多则均对太平天国抱有敌意。他如卷上《占易》，卷中《文庙灵狐》、《关帝灵签》，卷下《狐借馔具》诸则更迷信荒诞，毫不足取。

是书为宣统三年刊本，另有1963年十竹斋重印的《金陵琐志》八种本。

陈作霖所撰《凤麓小志》、《运渎桥道小志》、《东城志略》、《金陵物产风土志》及《炳烛里谈》等五种，资料丰富，记述详备，皆南京之重要地方文献，为编志者所当撷采。

胡燏棻小站练兵

当甲午战争尚在进行中,清政府已见到旧军之腐败而谋有所改进,于是在光绪二十年九月将参与黄海之战的德国陆军军官汉纳根召京,与翁同龢、李鸿藻等人会晤。汉纳根提出三项建议,其中一项即用洋人西械,加练新军十万,全以新法教练。这一建议遭到李鸿章和胡燏棻等人的反对而被否定。十月间,清政府设立督办军务处,由王公大臣负责,并谕令立即开办练军事宜,由胡燏棻自行试办。

胡燏棻(1841—1906),字云楣,安徽泗州人。夙以谈洋务著称,是李鸿章赏识的淮系官僚。历任广西按察使、总理各国事务大臣及邮传部侍郎。早在广西时,他即上书抨击旧军的腐败。及受命练军后,即于光绪二十年十二月下旬在马场练定武军三营,规模虽小而步、骑、炮、工俱全,用费又较汉纳根建议为省,所以受到清政府"颇见成效"的赞扬。不久又得到督办军务处的支持，扩充为十营五千人，实际人数为四千七百五十人。这些兵士都先后由天津、山东各地招募而来，用西法教练。

光绪二十一年闰五月，甲午战争已告失败。胡燏棻亦已在马厂开始练兵，乃就其练兵思想结合局势危急，上万言书论变法自强十事。其第八事即"创练新兵以资控驭"。他首先分析了这次战败的原因所在，具体地指出应痛改的四项积习：

一、统兵大将，骄奢淫逸，濡染已深。军需日增，勇额日缺。上浮开，下折扣，百弊丛生。兵之口粮尚未能养赡一身，谁肯效命疆场？以致万众离心，遇战纷纷溃败，此病一也。

二、先事一无培植，一闻招募，各营员皆以钻谋为能事，不以韬钤为实政。是官先不知战，安望教兵以战，此又一病也。

三、本地无著名之厂，件件购自外洋。承平之日，部臣以款绌为难，先事未能预备。及变起仓促，疆臣各办乃事，但以购得军火为责，未能详求。以致同属诸军，而此营与彼营之器不同。前膛后膛，但期备数。德制奥制，并作一家。所由一旦临阵，号令不能划一，施放不能取准。此又一病也。

四、一切攻守之法，又沿旧习。湘楚各军，尚有以大旗、刀矛为战具者。并有持新器而茫然不知用法者。犹复师心自用，以为昔年曾经战阵，即无不能御之敌，承讹袭谬，沿而不改，此又一病也。

胡燏棻在此认识基础上，提出了改革军制，编练新军的四法，即训官之法，练兵之法，放饷之法，简器之法。并决定新军编练的规模是"北洋宜练兵五万人为一大支"。胡燏棻这份近万字的万言书，对晚清的军制改革是一件重要文献，对破旧立新起到耸动视听的作用。

光绪二十一年九月初，定武军因马厂营房不敷应用而移驻小站。小站是距天津东南约七十里的一个小镇，是李鸿章所部周盛传弟兄盛军经营二十年的驻扎屯田之所。胡燏棻的定武军十营移驻到这块沃土上，开始了"小站练兵"。它的各级军官都是淮军将领，同时还选拔了天津武备学堂的毕业生何宗莲（总教习）、吴金彪、曹锟、田中玉、刘承恩等担任教习和军官，购置西洋先进武器，又聘请德国军官沙尔等人任教习，根据德国陆军操典进行训练。力求以新的装备，新的武器，新的训练，形成新的阵容。

这支定武军于光绪二十一年十月二十二日,因胡燏棻调任他职,而由袁世凯接管,成为"北洋新军",即"新建陆军"的前身。它是北洋军阀武装力量的直接奠基石,因而晚清首练的新军应是胡燏棻的定武军。

王先谦的功过

　　王先谦和叶德辉是清末民初湖南的"劣绅"。他们有学者的声誉，也有反对革命、反对民众的恶名。叶德辉的《书林清话》一直是研究藏书和目录的学者所必备的参考书，有一定的学术价值，新中国成立后曾多次重印。但他所刻行的《双梅景闇丛书》因与房中术有关而给他带来了骂名。在乡里又多行不义，所以在大革命时期受到惩处。王先谦虽与叶德辉并有"劣绅"之名，但因为比叶早死十年，才逃脱了叶德辉那样的命运。

　　王先谦，字益吾，号葵园。湖南长沙人。生于清道光二十二年（1842），卒于民国六年夏历十一月二十六日（1918年1月8日），年七十六岁，几乎与中国近代史的全历程相终始。同治四年（1865）王先谦在二十四岁时成进士。历任编修、侍讲、侍读、中允和国子监祭酒、江苏学政等清要官职。光绪十五年（1889）四十八岁时就辞官归里。辛亥革命后，易名遯，以示隐遁之意，并迁居乡间。而所行也多为民众所不满，越六年而卒。

王先谦虽没有任言官这类职务，但对一些秕政奸行尚能直言谏诤，敢于碰硬。光绪元年（1875），他刚擢升中允充日讲起居注官时，就上疏力陈防弊言论，请求筹办东三省防务，并弹劾云南巡抚徐之铭等，对当时政坛有所震动。光绪六年（1880），他任国子监祭酒（相当于国立大学校长），本可以不问政治，但他在任职一年以后就上疏论中俄交涉问题，继而又上《招商局关系紧要宜加整顿折》，抨击盛宣怀、唐廷枢等办理洋务的人员，揭露招商局的各种弊端，以致李鸿章亲自出面申辩，亦足以见事态之严重。光绪十一年（1885），他在守制服阕复官的第三年，以两江、两湖、两广等地发生数十年所未有的大水灾，仅湖南常、澧一带就淹毙百姓万余人为理由，疏请三海停工，引起清宫的不满，由京官外放为江苏学政。光绪十四年（1888），他又冒着一定的风险上疏请求严惩当时权倾中外、炙手可热的太监李莲英。疏中尖锐地指斥李莲英种种恶行说："总管太监李莲英，秉性奸回，肆无忌惮。其平日秽声劣迹，不敢形诸奏牍……该太监夸张恩遇，大肆招摇，致太监篦小李之名，倾动中外，惊骇物听，此即其不安分之明证……若不严加惩办，无以振纲纪而肃群情。"疏上不报，这对他可能是一种最好的反馈。第二年，他意识到宦途无望，遂辞官回籍，当时才仅仅四十八岁。

王先谦的屡次上书虽是针对时弊，但主要还是为维护清朝的统治，因此对于新思想新事务特别是民众运动无疑是抵触和敌视的。他辞官回籍后，正遇上维新运动在湖南兴起，当然不能为顽固守旧的王先谦所接受。于是，他肆力攻击湖南维新变法运动。在义和团运动爆发后，他又诬蔑义和团运动为"自来未有之惨变"。辛亥革命前夕，长沙饥民围困巡抚衙署，被卫兵击毙数名，民情益愤，掀起了抢米风潮。王先谦看到清廷已是岌岌可危，经不起更大的风波，有一种大厦将倾的感觉。他想以绥靖态度，缓和矛盾，所以联合士绅，带头上书，要求更换湘抚，不意为极为顽固的湖广总督瑞澂所参奏，得降五级的处分。这对于一个忠清士绅来说确是一种打击。他在政治上的这些所作所为，应该说是阶级与时代的局限，他所受到的历史谴责是理所当然的。但是，我们也该看到他在教育和学术领域中的种种活动，并对这些活动加以研究，给以应有的评价。

王先谦曾先后主持云南、江西、浙江等省乡试，都比较认真地网罗人才。他在任江苏学政时曾为当地教育机构南菁书院广泛地筹划经费，认真地选拔人才入书院学习，造就人才不少。他辞官回籍后，历主思贤讲舍和岳麓、城南两书院讲席，亲自培植人才，对乡邦教育事业有所贡献。王先谦还曾罗致文人学者从事古籍与历史文献的编校刊印工作。他在江苏学政任上时，曾奏设书局，仿照前辈学者阮元编纂《皇清经解》的体例，纂成《续皇清经解》一千四百三十卷，为研读经学著作提供一部足资参考的汇编性丛书。他在光绪十年又完成了《十一朝东华录》六百二十五卷的编纂工作，对清同治帝前的十帝十一朝历史做了繁重的史料缀辑工作，为研究清史和中国近代史的学者奠定了重要的史料基础。即此两项，他对中国近代学术研究的贡献是应该给以肯定的。除此以外，王先谦还有诗文和专著行世。他一生的诗文汇集为《虚受堂诗文集》三十六卷。他尚著有《尚书孔传参正》三十六卷、《三家诗集义疏》二十八卷、《汉书补注》一百卷、《荀子集解》二十卷、《庄子集解》八卷、《日本源流考》三十卷等书，几乎涉及经史子集各个方面，为清代学术做出了应有的贡献。他还为自己的一生行事写成《葵园自订年谱》三册，自记至卒年。前二册记至光绪三十四年，并刊于当年。第三册由宣统元年至民国六年，但于民国后即以干支纪年，表示不奉民国正朔。而在三册年谱合刊时，仍署光绪三十四年刊，当系谱主遗愿，益以见其人之坚持遗老立场。

综观王先谦的一生行事，明显地站在封建地主阶级的政治立场上，所行也有违背民众利益之处，应该受到历史的批判。但他在学术教育方面，特别是学术方面的成就仍应给以应有的评论，似乎不宜以"劣绅"概其全面。对于这样一类人物（更有甚者如罗振玉等），似应如近年对曾国藩、周作人等人的研究，根据翔实的资料，进行深入、全面的分析，得出恰如其分的评价。

能受天磨真英雄——评说张謇

19世纪末20世纪初是中国这个古老国家近代历史上的过渡期。这是一个新旧交替、异彩纷呈、风云诡谲、人才辈出的社会。曾被我们的伟人赞誉为中国近代轻工业之祖的张謇（1853—1926）就是生长、活动、建功、立业于这个社会环境之中。他经受了一次次磨难，种种困扰，也抓住过一些机遇，终于成为所从事的事业的英雄。

科举道路是封建知识分子求出路的"正途"。如果不入封建统治者的"彀中"，则难以出人头地。张謇先前也必不可免地要去钻这个时代的圈套。张謇家世寒素，祖辈又无显赫的功名。为了避免遭受歧视，曾冒称如皋张氏后人去应试。这在科举制度中称为"冒籍"，本是一种民不举官不究的"违制"行为，却遭到刁吏恶棍的不时敲诈勒索，使家庭生活不得安宁。这种痛苦折磨了他五年，才得到地方上正直士绅的帮助，获得"改籍归宗"的结局,摆脱掉无奈的困境。但当他继续奋进时,却又遭到了屡困场屋的磨难。

科场不利,就仕途难遂。他只好走士人不太情愿走的另一条道路,去为人作幕。他进入庆军统领吴长庆的幕府,由一般慕僚成为参与机要的决策成员,得到了一次良好的机遇。他还在吴幕中结识了同乡名士朱铭盘,彼此相得甚欢。但他没有料到人际关系的新磨难已在等待着他。一位与吴长庆有世谊的纨绔子弟袁世凯来到吴幕。开始,袁世凯钦佩张謇的学识声望,以师礼事之。但是,随着袁世凯地位的日增,对张謇的礼貌就日减,甚至称呼也由老师、先生、某翁、仁兄依次降格变换,使素以礼教自律的张謇非常气愤。他看不惯直至难以容忍袁世凯那种趾高气扬的虚骄作态,愤而公开宣布与袁绝交,并辞职还乡。这是他遇到的一次人际关系的磨难。

时间很快地前移。张謇经过长达二十五年的科场蹭蹬后,万万没有想到就在国难当头的甲午年(光绪二十年,1894)科场中会爆出如此震惊士林的冷门:屡试不第的他竟然中了状元!这是士人追逐的顶峰,是平头百姓望若天人的地位。张謇面对这一突然袭来的荣耀是缺乏心理准备的,心理上的超重使他不敢相信这是现实。但这确是现实。他按捺住这颗久已枯寂而在超常跳动的心,提起笔写出一段文字来抒发自己惶惶而激动难抑的心情:"栖门海鸟,本无钟鼓之心;伏枥辕驹,久倦风尘之想。一旦予以非分,事类无端矣!"

状元照例授翰林院修撰。这是玉堂清要之职,容易接近极峰,是平步青云的捷径。不意他又因父亲病故、遵制丁忧回籍守孝。这是家事给他的一次磨难。虽一时中断了仕途的腾达,却给他带来了从事新式实业的良好机遇。张謇丁忧家居正值甲午战后。那时,外国资本加速输入,中国社会开始觉醒。实业救国似乎是社会上在寻求着的救世良方。令传统观念惊诧莫名的是:作为耻于言利的儒家代表人物、状元张謇竟然去言利求利,创办了大生纱厂。这是张謇在洞察社会后抓住的一个不可多得的历史机遇。经过五年的努力,大生纱厂的辐射力终于促进了它周围经济文化的进步,使通海地区逐渐呈现出一派繁荣的景象。

张謇办实业是想在封建地基上奠定一块民族资本主义的基石。他在改变客观事物的同时,也在改变自己——由一个封建士大夫转向一位实业家。实践活动在推动他的思想更深层的转变。他自然地接近谭嗣同等变法人物,并在变法思想的影响下,正式提出《农工商标本急策》和《代拟请留各省股款振兴农工商务折》等建议。这位实业家的呼声虽不够激烈,但却代表了新兴资产阶级的合法权益。这是当时沉闷空气中的一丝新鲜气息。尤其是其中涉及的兴办新式学堂、培养技术人才的要求,更标志着这个脱胎于旧时代的新人物已经理解到教育—技术—发展实业间的必然联系。戊戌变法的失败无疑给他以当头棒喝。虽然他托庇于"东南互保"而幸免于难,但好友谭嗣同的殉难不能不使他内心阵阵的隐痛。

张謇为了曲折完成亡友的志愿,不惜降低调子,于1901年在江南督抚、士绅的支持下,写出了中国资产阶级20世纪初要求改革的方案——《变法平议》。他以折中的方式提出了建立议会政治、改革财政、教育等以顺应历史发展的要求。但主持朝政的慈禧太后对改革变法早已谈虎色变,即使再温和也不会接受。而地方实力派如刘坤一之流也是有条件的支持。张謇遭受到封建体制的抑制。痛苦和失望,促使他产生了朦胧的君主立宪思想,希冀以此来改变封建专制体制。1903年的日本考察之行,使他的君主立宪思想更为明确。但他终究是在中国这块具有长期的封建社会历史的土壤上成长起来的,又经历过尘世间的浮沉。他认识到要想成事必须要有权贵支持的国情。这一认识把张謇拖到另一最为痛苦的磨难之中，使他的人生历程出现了一次封建士大夫最难以做到的"奇迹"。他竟然为了实现理想要去与20年前深恶痛绝而现居高位的袁世凯正式复交——其内心所经受的折磨，那些曾经历过世事沧桑的人们是想象得到的。

寻求到支持使张謇像服了有痛苦含量的兴奋剂。他激动地去联合士绅、积极筹议有关国会和立宪的问题，提出召开国会的建议、推行地方自治、收回路权等，但都遭到了挫折与拒绝。不久，他所依靠的袁世凯也被罢黜。似乎相同的失意命运又更紧地把这两个人联结起来了。张謇真情实意地把对清廷的"希望"转托到城府莫测的袁世凯身上，竟一时充当了为袁所用的悲剧角色。

辛亥革命以后，按张謇的身份与经历无疑是会排在前朝遗老之列的。他面临着新的抉择。他没有为故国殉葬，也不愿做不食周粟的遗民。他做了适应共和的新人。积极投身于光复独立运动，发展实业与教育事业。他参加民国政权、政党活动，似乎朦胧地看到资产阶级发展前景的幻影。他没有像复辟派那样频频回顾失去的"天堂"，而是努力为新兴实业创造条件。在1913至1915年任农商总长期间，他制订了为发展民族农工商业的各种法令、条例和计划，采取了"合资"、"借款"、

"代办"等三种方式引进外资，对当时民族企业的发展起了推动作用。与此同时，袁世凯却在日益抛弃共和，实行独裁，走向帝制自为。张謇按照不能为人谋而不忠的行为准则，希望作袁世凯的诤友，共同维护新的共和政权。但是，他再一次地失望了，于是在1915年11月辞去了所有职务，与袁世凯再次脱辐。这一次绝交使他比第一次更为痛苦。不仅是彻底的决裂，而且他自己还要承担为人讥评为反复无常的心理压力的折磨。他只好告别政治舞台，全身心地投入到兴办实业中。

张謇退归林下的1916年，欧战方酣，中国民族资本得到发展的空隙，给张謇发展实业走向顶峰以极好的机遇。可惜从1920年的直皖战争开始，连年的军阀混战和外国资本的卷土重来，雪上加霜般地迫使张謇所办的实业债台高筑，跌落到低谷。似乎命运总在无情地戏弄着这位年过花甲的老人。但是，张謇不屈服于自己历经磨难的命运，转而投身于文化艺术和公益事业，结交了一批艺术家。这在当时是一种冒着非议的行为。因为一位封建社会的士绅名流大抵是不肯降低身份去结交为士大夫所耻与为伍的"优伶"的。

1926年，张謇已年逾古稀，但并未就此止步。他饱经人为设置的种种磨难，依然壮心未已地继续从事兴办教育、视察江堤等活动。关心国计民生。这一年的八月，张謇怀着中国知识分子传统的忧患意识，离开了驻留有七十三年的扰攘尘世。他背着时代给予他的种种磨难，拖着沉重的脚步艰难地走完了"生已愁到死，既死愁不休"的人生道路。胡适曾评价张謇是"失败的英雄"。这句话应该写作张謇在现实生活中虽经一时一事的失败，而在历史上终于成为他所从事的事业的永恒英雄。有些似乎显赫一时，或许得到几声廉价喝彩的欺世盗名者，只不过是舞台上幕间的插科小丑而已！当帷幕正式拉开的时候，他们便昙花一现似地被历史的激流冲刷得了无踪影。而只有历经磨砺、冲击的砥柱，才能屹立于中流。"能受天磨真英雄"这句名言，永远激励着中国知识分子奋进、拼搏，挺立起民族和国家的脊梁！

严复——社会转型期的矛盾人物

2004年是中国近代杰出的思想家严复诞生一百五十周年（1854—1921）。这位崛起于福建侯官的启蒙先驱，几乎与中国近代史相始终。严复十四岁入福州船政学堂学习海军。十九岁毕业，先后在建威帆船及扬威军舰上实习。1875年，二十三岁的严复赴英留学，倾慕于西方的政治、经济、文化各方面的成就，开始接触亚当·斯密、边沁、穆勒、卢梭、孟德斯鸠、达尔文、赫胥黎、斯宾塞等人的著作，深受影响。这为他日后从事译著西方思想文化名著奠定了初基。1879年他二十七岁时卒业归国，任教于福州船政学堂。次年，调任天津北洋水师学堂总教习，达二十年之久。严复最主要的成就，是他在19世纪末20世纪初的维新运动中所发挥的思想推动作用。并且他也是一位因介绍西方思想，以致在中国思想界产生巨大回荡的译作者。因此他不仅为中国人所知，也为西方学术界、思想界所知。从《剑桥中华民国史》到若干专门研究中国近代思想人物的学术著作，如美国史华兹所著《严复与西方》中，都对他有所评述。中国学者对他的研究所写的论述数量也较多。即以传记而言，就有王栻、皮厚锋等人所写的传记和严璩、王蘧常、罗耀九、孙应祥等人所编的年谱。这足以证明他是中国近代一位中外驰名、值得重视和研究的思想家与译作家。然而严复的晚年特别是辛亥革命后，他忽略了一个思想家应担负的时代任务。因而使他的某些思想和行为，给自己的一生留下了难以回避的历史遗憾。

一、以西学为武器，以富强为目标的变革思想

严复从19世纪70年代接触西方思想文化以后，日积月累，逐渐形成一种学习西方力求富强的变革思想。特别是1894—1895年中日甲午战争，中国的失败更刺激了他。他一面决定"致力于译述以警世"，一面开始在天津发行的《直报》上发表政论，阐述变革主张。光绪二十一年春，严复连续在《直报》发表了《论世变之亟》、《原强》、《辟韩》、《救亡决论》等重要论文。他大声疾呼："观今日之世变，盖自秦以来，未有若是之亟也。"因此，他认为变是历史的必然趋势。要变就要维新，就要学西方。严复以西学来批判旧学。他在《救亡决论》中提出"举凡宋学、汉学、词章小道,皆宜且束高阁也"。严复的变革方案是鼓民力(练民筋骸,鼓民血气)、开民智(提倡西学)、新民德(废除封建专制,实行君主立宪制),他强调了"三民",要以此三者来达到富强。这一观点证明他已认识到"民"这一群体的作用,体现了他的"能群善群"思想。1897年10月26日,他为了实现"三民"的基础"开民智"这一首要改革方案,就想自办报纸,向"民"宣传自己的维新改良主张。遂与王修植、夏曾佑等人在天津创办了维新运动中北方的《国闻报》。

《国闻报》的宗旨是"二通"。一是"通上下之情"让改革得到政府同情。一是"通中外之情"让国人逐渐了解外情,吸取西方知识以"开民智"。经过"二通","民"就能赞助维新,力求自强。

《国闻报》上的论说,除自撰外,还译取西方"政法、学术、教宗"的名论。同时还刊载英、美、法、德、俄、日等国和国内的新闻。其中有关维新运动的资料尤为翔实,成为北方宣传鼓动维新变法的重要报纸。《国闻报》上发表过若干有思想、有见解、有趣味的文章。在它刚刚创刊一个月的时候,正遇上德国强占胶州湾。严复在《论胶州知州某君》一文中痛斥德国的侵占行为是"海盗行劫，清昼攫金"；揭露清朝官吏的"奢华靡丽，日事酣嬉"，"不知人间有羞耻事"等腐败行为。《国闻报》上还发表过一篇题为《道学外传》的妙文。以嬉笑怒骂的笔墨，大肆抨击醉心科举、揣摩八股的士子。严复形容这些人的形象是"面带大圆眼镜，手持长杆烟筒，头蓄半寸之发，颈积不沐之泥，徐行偻背，阔颔扁鼻，欲言不言，时复冷笑"，说这些人"只知道读《四书味根录》、《诗韵合璧》、《四书典林》，最多读些《五经汇解》、《纲鉴易知录》、《古文观止》和《时务大成》之类而已"。

《国闻报》问世后，严复于光绪二十三年十一月十五日又编发了《国闻汇编》。每十日一册，每册约三万字。首译外报评论，次译俄、法、德、美、日各国报纸中的新闻。它与《国闻报》的不同处，即《国闻报》详于本国，而《汇编》则详于外国。共出六册，至光绪二十四年正月二十五日，历时二月余告终。

二、译述西学，宣传变法

严复为寻求救亡强国的道路，大量而较有系统地引进西学著述以警世。西方的八大思想名著都由他先后译述。其中《天演论》是严复最著名的译作，对中国思想界的影响巨大。《天演论》是英国生物学家赫胥黎（1825—1895）的一本论文集，原名直译是《进化论与伦理学》。严复在甲午战争失败的刺激下，以数月之力翻译了《天演论》，主要阐述生物是进化的，不是不变的，而变的原因是物竞天择。严复译文之后都加以按语来阐明自己的观点。这些按语都有意结合中国急需救亡图存的实际现实而对西方思想择善而用。他把"物竞天择"的学说从生物引申到人类，并在《自序》中强调此与"强国保种之事"有关，直接面向甲午战争后民族危机严重的现实社会，因此引起全民族的震惊而产生很大的反响。"物竞天择"几乎成为当时救亡图存的警示语，进而演化成"优胜劣败"、"适者生存"、"天演进化"等口传箴言。这不仅直接影响了康有为和梁启超等人，对维新变革思想与实践的推进有贡献，也一直流传于后世。无论是资产阶级革命家，还是无产阶级革命家，如陈天华、邹容、秋瑾、孙中山、鲁迅、吴玉章、朱德、董必武、毛泽东等人，都自称受到过《天演论》的影响。据一种统计，《天演论》自译作问世后曾有三十多种版本。居当时西书译作之首。其所以如此，不仅是思想内容切合时代潮流之趋势，而译笔之典雅优美更助长其势。

不过，他的译笔并没有遵照"信达雅"的原则，而往往以意逆志。最近读到俞政先生所著的《严复著译研究》(苏州大学出版社2003年版)一书,对这一现象有过如下的论述:"严复一生著、译甚多。他在翻译西方论著的时候,常常掺杂己意,还要附加大量按语。有些译作甚至带有不同程度的改编(如《天演论》、《名学浅说》)。因此,人们把他的翻译作品称为译著。意思是说他的译作中的不少内容相当于他的著作,反映的是他自己的思想。"应当承认,俞著是对严复的七种译作和一种著作进行深入的个案研究后汇集成书的一部专著,是以作者自己的学术行为针砭当前学风浮躁而值得推荐的一部力作。

从严复的译作中不能不看到,他在把生物的进化学说引进到人类社会时,就不自觉地落入英国思想家斯宾塞(1820—1903)庸俗进化论的泥沼中。斯宾塞的学说只承认事务的量变,而不承认质变。主张社会逐步进化,点滴改良。严复服膺斯宾塞以天演之说运用于人伦治化的社会学学说。光绪二十三年严复即译出斯宾塞的《社会学原理》,并根据荀子所言"人之贵于禽兽者,以其能群也",遂名斯氏社会学为"群学",易书名为《群学肄言》。他接受了斯氏的"民之可化,至于无穷,惟不可期之以骤"的观点。"不可期之以骤"的主张深深融入严复的思想，造就了他成为温和的改良派，也为他的晚年生活带来了不良影响。

《原富》是严复继《天演论》之后的又一部重要译作。作者是英国古典政治经济学家亚当·斯密（1723—1790），原名直译是《国民财富的性质和原因的研究》，是西方古典政治经济学的名著。严复以一种赞赏作者自由经济思想的立场出发，在译述过程中还加了三百余条按语，进一步阐明观点。严复的译笔古奥，难为一般人所阅读，以致遭到梁启超的批评。但严复也许是想以古奥的文笔去改变能通古文的上层人士，使这些人接受原富思想，再去影响社会上各种不同的群体。其用心所在，可以概见。除此以外，严复还译有穆勒的《群己权界论》、甄克思的《社会通诠》、孟德斯鸠的《法意》、穆勒的《穆勒名学》和耶方思的《名学浅说》等名著。所以蔡元培曾评论严复的译书工作云："五十年来，介绍西洋哲学的，要推侯官严几道为第一。"

三、争议焦点：历史的遗憾

严复以其宣传变法维新思想和大量译述西学、启迪民智两要务而跻身于近代维新思想家之列，成为戊戌变法运动前后与康、梁、谭并称的重要人物。而在20世纪以来的大量译述工作所做出的重大贡献，更为他博取了一定的历史地位。毛泽东对历史人物给予充分肯定的并不多，但对严复却给以极高的评价。在《论人民民主专政》一文中说"洪秀全、康有为、严复和孙中山，代表了中国共产党出世以前，向西方寻找真理的一派人物"。许多严复研究者也大体一致地肯定他在辛亥革命前的历史贡献，但对他辛亥革命后的十几年晚年生活中的思想和行为，却存在不少异议。主要争议在两个问题上：一个是严复的政治思想前后有所变化，还是前后一致。另一个是严复是否参加了"筹安会"。

关于严复政治思想问题的争议，苏立中先生在《百年来严复研究的发展概述》中总括"有的学者认为，严复的政治思想经历了由激进、先进到保守、后退，甚至顽固、反动的演变过程"，即前后变化说。并举出王拭、李泽厚、龚书铎等学者的论点。苏先生又说："有的学者指出，严复的政治思想前期和晚年，是一脉相承的，不存在晚年保守、倒退的问题。"即前后一贯说，并举出牛康、张先文和范启龙、林天柱等学者的论点。

最近，北京大学教授梁柱先生发表的《先驱者的历史功绩与历史评价》一文,对前一说进行了更完整的申述:"严复一生的学术思想和社会活动,明显地分为前后两个不同的时期。在戊戌维新及其后的一个时期,作为民主启蒙先驱者的不可替代的作用,成为他一生事业的辉煌时期。而在他的后期,却一改前期倡导西学、痛斥中学的激进观点,主张'尊孔读经'。领衔发起孔教会,对当时风起云涌的革命运动持保留态度,他的思想观点和社会活动明显趋于保守,前后对比判若两人。"

梁文在另一处又作了应有的阐述:"后期的严复虽然思想观念发生变化,但仍不改其救亡之初衷,继续从事唤醒民族精神的学术活动。爱国情操贯穿这位杰出思想家的一生。他晚年对中西文化的反思,从文化意义上说,对于克服过去对两者评价上的片面性,更多地看到西方文明的不足,更多地挖掘传统文化中的优秀矿藏,仍然有积极的意义。"

这两段话合在一起,就给了严复一个比较完整而公允的评价。因为任何一个历史人物在其一生中,都在变化和相承的交织中移动着。严复的晚年和前期,也是既有变化,又有相承。他坚持救亡图存,宣扬爱国精神和主张君主立宪,不支持革命,都是他终身的一贯主张。而主张"尊孔读经",重新审视中西文化的价值等则是一种变化。变化的不一定都好，相承的也不一定都坏。所以用"前后一致"或"一脉相承"来论定一个人的是非，是不易符合实际的。每个历史人物都具有复杂的性格，所以只有具体分析，才能比较接近地还历史人物以本来的面目。

另一个有争议的问题，是严复与"筹安会"的关系。严复列名"筹安会"，一直为治史者所訾议。认为这是严复一生的最大污点。有人则据严复弟子侯毅的《筹安盗名记》而认为严复是被"盗名"的，是无辜的受害者。近来有郑颐寿先生撰《严复深拒筹安会》一文，引据一些史料为严复辩诬。申明"严复并无参加筹安会"这种维护先贤的愿望是可以理解的，但历史往往是以结局效果来论定的。

最近，皮厚锋先生在其所撰的《严复大传》中曾专立列名"筹安会"一目论其事。撰者根据严复的个人文献和有关资料，对上述两种各走极端的意见，未加苟同，而重加论断："从现有资料来看，严复除列名'筹安会'外，并无其他附和帝制的具体行为。以往学术界将列名'筹安会'视为严复一生最不光彩的行为，确有值得商榷之处。相比之下，从辛亥革命到袁世凯接受日本'二十一条'这段时间内，严复有许多党附袁世凯的行为，这才是他一生中最阴暗的一页。"这是比较接近严复晚年生活实际的一种论断。严复的列名"筹安会"，是在杨度几番游说后而代为签名的。严复是同意"与会而勿为发起"的。等到列名第三而公之于世时，严复并没有明确否认，甚至当好友林纾劝他申明澄清，他也以种种顾虑而未施行，只是在给友人熊纯如的信中表示了自己的无奈。信中说："丈夫行事，既不能当机决绝，登报自明，则今日受责，即亦无以自解"，"虚声为累，列在第三，此则无勇怯懦，有愧古贤而已"。严复的自责，实际上已承认其列名"筹安会"的事实，这是无须为贤者讳的存在。而需要研究的诚如皮著所云："列名筹安会是不是严复一生中最大的污点？"严复之列名"筹安会"的原因，一则严复一直主张君主立宪，对于"帝制"在思想上并不坚决反对，只是感到袁世凯有点望之不似人君。再则，严复总以"年老气衰，深畏机阱"为词，担心自己和家人的安危。至于他受命于袁世凯而出任约法会议议员、参政院参政，以及参与袁记"约法"的起草，甚至在袁世凯死后，还发出"近代求才杰，如公亦大难"的感叹，等等，都是严复以自己的思想和行为为自己的一生留下的历史遗憾。

也许有人出于良好的"善心"不愿触及贤者这些不

光彩的地方,以免有损严复的形象。但是,"金无足赤,人无完人"是无法避免的客观存在。严复在他所处的那个社会转型期的历史背景下,必然会呈现这些遗憾。对于历史人物的评价,应是论其功不掩其过,论其过不没其功。对严复的历史评价亦应如此。虽然如此,不论严复的前期辉煌,还是晚年的历史遗憾,都应该加以纪念和研究。纪念他的历史贡献,研究他的历史遗憾,以便分析成败,引以为鉴。

评说汤寿潜

19世纪后期20世纪初期,在中国政坛上闪现出一对具有重要历史作用的双子星座式的人物。一为南通张謇,一为萧山汤寿潜。张汤缔交于光绪十五年(1889),两人均处于三十多岁的壮年时期,踔厉风发,意气自得,都抱有一种体国经野的相似理想。从此以后,在许多牵动全国政局的重大政治活动中,如倡导维新、推行宪政、挽回路权等,他们都是并肩战斗的好友。但是,由于张謇在封建科举制中获取到最高荣誉的状元头衔而啧啧人口,又创办了被世俗认作惊人之举的大生纱厂,辛亥以后更与袁世凯复交、参加北洋政府,复有《张季子九录》与张孝若所撰传谱之行世,遂使其后来之声名跃居汤上。而汤则因与世多忤黯然失其光彩,又鲜有评论而事功少为人知。这似有失历史的公正,而应给予应有的评说。时人评汤寿潜的事功曰:"夙以时务致称,晚以铁路见贤。"虽然张謇认为这些"皆君之末也"。我们则以为这一时人之评正是时代给汤寿潜的确评。他撰著《危言》为维新运动先声，挽回路权为中华民族吐气。谓为"致称""见贤"，孰曰不宜！特申论其事。

一、踏着时代前进的脚步

汤寿潜（1856—1917），出生在清王朝内有太平军、捻军的"肘腋之忧"，外有英法联军进逼京师的"肢体之患"的年代。后又经历了中法、中日败绩之辱，使一个长期接受"华夷之辨"儒家传统教育的知识分子不能不面对现实去考虑挽救国家危亡的道路。随着维新思潮的激荡，他跟上时代，写出了《危言》一书。1895年，他成进士后，以"老虎榜"的过硬条件出任安徽青阳知县。但当时朝野议论蜂起，批评时政，蔚为风气。汤寿潜遂弃官而进入议政的在野派行列，后来还组织立宪公会，并担任副会长，积极投入立宪活动，成为清末立宪运动中的一支主力，对迅速揭露清廷假立宪的面目，加速辛亥革命的进程起了客观的推动作用。当清廷逆潮流而动，借款卖路，大违民意时，汤寿潜毅然力肩重任，奋起为挽回国权民利而奔走。辛亥革命后，袁世凯窃居大位，中外朝野均喧嚷非袁莫属。即如张謇亦转舵而拥袁。汤寿潜已于新政府中分得交通部长之杯羹。但他弃高位而就南洋募捐之艰巨，以纾孙中山财政支绌之忧。迨袁氏谋行帝制，举国愤然，高明俊彦若严复、刘师培者多谀辞以进。汤寿潜既不以遗老而响应复辟叫嚣，亦未厕身于筹安劝进之列，而是顺应民主共和潮流，坚持反袁。汤氏与袁世凯之认识，非始于辛亥之后。光绪二十七年（1901），袁世凯正处于上升阶段。其权势如日中天，炙手可热。趋炎附势者，大有人在。汤寿潜则于是年上《奏请罢黜树党弄权之枢臣》折，指斥袁世凯"其乡评之劣，为大员中所罕见。至今项城袁氏之族，皆以世凯同宗为耻。其生平无恶不作，已可概见"，并历数其"把持兵柄，擅窃大权，挟制朝廷，排除异己"的具体罪状。他还揭露袁世凯的野心说："一时政权、财权、外交权、陆军权悉归袁世凯掌握。海内侧目，谓其将有非常举动。"要求将其迅予罢黜，以消隐患。辛亥革命后，汤寿潜一直注视着袁世凯的举措，在若干致当时政要的函电中，他都提醒人们对袁世凯加以警惕。在孙中山让权于袁世凯时，他预言"袁氏必以易号称帝而败"。当袁氏帝制自为时，他通电反对。这些作为都合乎潮流，顺乎民情，正是他能踏着时代脚步不断进取的可贵之处。

二、维新变法的蓝图——《危言》的撰著

19世纪40年代，中国社会发生了重大变动。积弱的弊端陆续暴露。有识之士，纷纷寻求对策。始有林则徐"开眼看世界"的倡导、魏源"师夷之长技以制夷"的主张，继而有冯桂芬、郭嵩焘等主张引进西方科学技术的洋务思想，但国势仍未见明显起色。于是，遂有谋改革政制者，而汤震（汤寿潜原名）、郑观应等出焉。一些表述维新思想，规划变法措施之专著相继问世。汤震所撰之《危言》即其中具有代表性之一种。《危言》之作，肇端于光绪十三年（1887），历时四年而成。凡四卷四十篇。1892年再刊。增为五十篇。1895年复以石印再版。可见其流行之广和需求之甚。《危言》初稿成后四年而有郑观应之《盛世危言》（1894）。又四年而有邵作舟之《邵氏危言》（1898）。是汤氏之作当为危言类著作之创始，其影响显然可见。

《危言》以《迁鼎》开篇，其革新变法之立意至明。

鼎者，政权之标志。故有易鼎、鼎革之说以明政权变动之意。此独以"迁鼎"为言，乃迁都之议。盖汤氏主张不变动政权而有所变革以求富强。但担忧旧都旧势力之包围而多所窒碍，遂视迁都为变法之先者。于是引经据典，广列古今中外事例，以建都关中为言，其目的即在于"耳目一新，志气一振"。中间各篇胪述变法诸措施，而以《变法》一篇殿其后，为全书之总结，也是其各种想法与举措之落脚点。

《危言》于维新变法之方略涉及甚广。举凡政制、吏治、教育、人事、税收、军事、宗教、公用事业、河工水利、防敌御外、文化技术以及社会风气等无不包罗。所论均能有理有据，自成一说，使其书对维新思想有所填补，为变法活动提供依据。

《危言》一出，即引起社会注意，为时人所重，"以比唐甄、冯桂芬"，并认为此书"有疏通致远之用"。1894年，枢臣翁同龢、孙家鼐等曾先后向光绪帝推荐此书。翁同龢认为此书"于时事极有识"。综览全书，确有其特殊的时代意义。

《危言》之主旨在于宣传君主立宪。其《亲藩》篇要求天潢贵胄学习时务要略和外国语言，并派往各国游历，"采其风谣，观其隘塞"，视其事为"变法之椎轮，救时之要著"。其《尊相》篇主张设宰相掌权,而宰相则由选举产生。宰相可与天子坐而论政。"凡事皆经裁定而后请旨行"。如是则宰相"体统尊,责成专。利当兴兴之,弊当替替之。天子垂拱于上,亲贤夹辅于下,而皆宰相乎是倚"。其说虽欠明确完整,但颇类似责任内阁。其《议院》篇介绍英、德、美、奥之议院制而谋变通。将现有官员分隶两院,以达到"每有大利之当兴,大害之当替,大制度之当沿革,先期请明谕,得与议者,殚思竭虑,斟酌今古,疏其利害之所以然"的目的。

《危言》是撰者经过观察、了解和思考而得。故其指陈时弊,动中窍要。如《考试》篇指斥八股取士"徒使庸妄之辈充塞天下"。《限仕》篇抨击仕途之坏说,"其未仕也,如饥蝇慕膻。其既仕也,如驽马恋栈"。《官号》篇列述解交库款种种勒索之弊。其他各篇亦莫不有所指陈。读者一一循读,当有俯拾皆是之感。各篇既指陈其弊,复言其可行之善策。如经济制度之论改良税制税法、挽回海关利权、修治水利河道、发展企业商办、兴办内河航运,以及发行公债等。军事制度之整顿军队、防俄备日、坚持自立自强等。这些时务之策皆有裨于富国强兵,挽救危亡,也大多可付之于实行。

当然，由于撰者时代所限，视野所囿，《危言》也存在着某些不够完善的内容。如设议院之说就有削西方民主之足、适东方封建之履之嫌。如按其建议而行，则势将出现非驴非马之扭曲现象。撰者还在多处流露出"内华夏而外夷狄"的大国思想。在《兵制》篇中，撰者认为军制经整顿后，便能"断匈奴之臂，悬郅支之头，系颉利之颈，囊括五大洲而有之，以上还神农以上之大九州。我国家大一统之模，不诚足震今而铄古也欤"。在《变法》篇中强调"外夷即袭中国之法以为法"和"外夷各随中国递变而较善变"，以"较善变"三字来掩饰其不愿承认中国是在向西方学习的不平衡心态。这也正说明撰者只能是19世纪末的一位改良主义维新思想家。

三、倡导维护主权的保路运动

铁路为国民经济命脉之所在。也为列强觊觎中华利权之所在。早在19世纪70年代，资本主义侵略者已开始染指中国铁路。及至世纪之末，中国日趋衰弱，资本主义列强则已进入以资本输出为特点的帝国主义阶段，直接投资和借款筑路成为他们攫夺利权的主要手段和目的。法、日、俄、德、英、美各国如狼似虎地纷纷涌入，视滇越、安奉、东清、胶济、关外、津榆、淞沪、苏杭甬诸路为其囊中物、盘中餐，采用种种威逼、诱骗、贿赂、收买的卑鄙手段以满足他们的无穷贪欲。清政府则外屈于强权，内怵于民气，各方绥靖委蛇，终陷狼狈窘境，引发各地民众掀起拒款保路的路潮而加剧其灭亡之势，为辛亥革命起到了催化作用。

在各地风起云涌的路潮中，苏杭甬铁路的拒款保路运动是持续时间较长，发动范围较广，威慑力量较强的一次风潮。立宪派人士张謇和汤寿潜成为这次苏浙两省联合行动的当然领袖。而汤寿潜所表现的决心和才能似在张謇之上，这也正是汤寿潜得到"晚以铁路见贤"评论的历史依据。

汤寿潜在苏杭甬铁路的保路运动中拒款态度坚决，商办筑路的信心十足。自清廷与英国草签《苏杭甬铁路草约》后，汤寿潜即联合张謇共同领导和推动苏浙两省的保路运动。1905年7月汤寿潜被浙江绅商集议组建的浙江铁路公司推为总理，主持拒款自筑的工作，发动民间集资，建造商办铁路。次年即动工修建沪杭段。1907年，汤张共同抵制了英国强行借款的压力，并召开浙江铁路公司股东大会，一致反对清廷屈服外力，借款卖路行为。民众还自发地组织了"浙江国民拒款会"。于是拒洋款、集民股、保路权的保路运动勃然而兴，各阶级、各阶层群众纷纷卷入而形成热潮。汤寿潜利用其社会声望与地位函电各方，明确表示坚持商办的态度。面临这样的严峻形势，清廷束手无策，遂不惜采用政治迫害的手段，明谕苏浙疆吏称："现因苏杭甬铁路一案，绅民纷争，人心不靖。难保无该党匪布散谣言，从中煽惑，阳借争路为名，实则阴怀叵测。着端方等留心访查，认真防范。倘或稍涉大意，致令暗相勾结，滋生事端，定惟该督抚等是问。"这通敲山震虎的谕旨并未能吓倒汤寿潜。他一仍旧贯，组织绅商，积极集款，加速修路。1908年5月，他在制定铁路公司章程的序中又申论铁路之重要，视为"新政一大部分"。1909年8月，全部商办自筑的沪杭路终于在汤寿潜等的坚持努力下全线通车。这不啻是给英国和清廷以及一切主张借款卖路者以正义与公理的回答。

汤寿潜在保路运动中也发挥了干练的才能。他从一开始就认识到要想抵制英国的借款阴谋，必须快集款、速筑路。那么，清英间的草约自然不废而废。他不仅邀约在籍大吏官绅要求清廷正式宣布废约以解除一般民众的顾虑，敢于认股、购股，而且还动员"农工各界，缩衣节食，勉尽公义"来扩大股源。因此集股工作进展非常顺利。1906年底已集股四百万元，至1907年初已达二千三百万元，几为英国借款的两倍。作为一位立宪派人物能够认识到群众力量而加以倚靠已是难能可贵了。他选贤任能来负责筑路工程。历时三年，便以高质量、低工费完成了沪杭全线的通车工作，质量较沪宁路段尤为平稳坚固。为保证筑路工程的顺利进行，他于1907年5月主持创办了浙江兴业银行，并开始营业。这不仅使铁路财政得到周转流通之利，而且也是中国第一所商办银行，为中国近代金融史写下了重要的一笔。

苏杭甬保路运动虽然不如粤汉川保路运动规模大，但其发端却早了四年，开挽回利权之先声。其声势之大，成效之著，尤有历史功绩。而汤寿潜以其坚决态度与干练才能所做出的贡献也应加以肯定。

四、结语

准确地评论历史人物不易，而评论曾为某些传闻异说所掩盖的人物尤难。汤寿潜便是比较典型的例子。汤寿潜由于与杀害秋瑾案有关的传闻而一直未能得到应有的公正评价。革命党人出于浓郁的感情,广泛搜集各种蛛丝马迹的资料,包括传闻,以力求暴白真相于世,是可以理解的。广大群众出于义愤,同情革命者之惨遭杀害而对传闻涉嫌者有所抨击讥讽,也是可以理解的。但是,如要书之简帛、写入历史、征信后世,则需出之以冷静、持之以慎重。汤寿潜之与秋案,郑云山已有《汤寿潜与"秋案"关系析》一文论之颇详。其结论曰:"人们责备汤寿潜对秋案态度冷漠,是理所当然的。而说他参与制造秋案,则虽然事出有因,却是查无实据。"当为实事求是之笔,一扫据传闻异说入史之误。究汤寿潜一生行事,其基本立足点在于能随时代之发展而前进,于维新思潮澎湃之际建救时济世之策,虽有不足,终得大体。保路运动之兴,奔走呼号,视富贵若敝屣,抗英敌与清廷之压力,挽回利权,功不可没。他提倡立宪,绝袁氏,捐资南洋,支持中山,又其余事,大节尚称不亏。入之史传,镌之金石,亦以见历史之公正云尔。

南开校父严修

我从1950年到南开任教,至今足足六十年,对于南开大学的创建及发展历史,道听途说地略知梗概。南开大学的创建与严修和张伯苓都有密切的关系。他们的办学理念与躬行实践的功绩,至少说已是难分轩轾。但随着岁月的迁延,张似更为人们所关注。凡南开学人都知道张伯苓的大概,而于严修则知之甚少。我曾在校园中问过一些学子,知道张伯苓并能言其大略者为全部。而问及严修,则知之甚少。甚至有半数不知严修为何许人。我无意在严、张之间作任何比论。因为张伯苓在创建南开大学全过程中所付出的辛劳和贡献,有口皆碑,毋庸赘言。只是对严修的首创之功及其人品,亦应略陈愚见。

严修是接受完整封建教育的一位知识分子。他顺利地走过科举道路而迈进仕途。曾官至学政、侍郎。应该说已是显宦的地位。但在戊戌变法影响和八国联军侵略的冲击下,思想发生转变。他树立起教育救国的思想,敝屣荣华，弃官归里，立志创办新教育，造就新人才。1902年，为了解新式教育，他第一次东渡日本，考察各类教育。回国后，就联合天津士绅在文庙东北隅创立私立第一小学，并在仓敖街上开校门出入，以与文庙区分。这是近代中国最早一所实行新式教育的小学校。无论管理、课程方面多借鉴日本，增设旧书塾从未有过的音乐、美术课，与旧式书塾迥然相异。1904年，严修再度赴日，作进一步考察观摩，多次到东京高师附小考察教学及幼稚园建设。回国后，即在第一小学设立幼稚园。同时又在严氏家馆基础上成立南开中学，推行新式教育。辛亥革命后，他谢绝一切公职的任命，一心探索和试验新式教育。1916年，他与在他家任家庭教师的张伯苓合作，试办专门部和高等师范班，效果不够理想。于是二人于1918年又先后赴美，考察教育。返国后，即不辞辛苦地分头奔走，筹款约人，终于在1919年9月25日建成私立南开大学，完成了严氏高等教育、中等教育、少年教育和幼儿教育的完整教育体系的创建，为20世纪中国教育史写下了耀眼的一笔。无怪在他离世后，天津《大公报》在社评中称他为："不愧为旧世纪一代完人。"给予严修极公正的高度评价。

严修不仅仅局限于办教育一端，还积极关注和参与社会公共事业。1919年,为实现教育救国的抱负,他不顾体弱多病和丧子之痛,毅然决然与张伯苓共同创办南开大学,主动捐资赠书,并敦促他的亲家卢木斋捐资,建造南开大学图书馆。他曾向天津图书馆的前身直隶图书馆一次性地捐赠家藏珍籍一千两百余部五万余卷,奠定了馆藏基础。每逢荒年灾岁,不仅在家舍粥,还筹款救灾,稳定社会。他对公益事业能慷慨疏财,但持己却甚严。在旅欧时,袁世凯曾致函严修可以动用其诸子在欧学费之款项,作为旅欧费用。但严修表示旅费早经拨付。袁氏子弟学费则妥为保存,专款专用,不随意动用。严修很关心社会动荡所造成的灾祸。他在日记中曾记下民初京保津兵乱说"南阁前之火始熄"、"东方之火渐熄"、"北马路、估衣街皆被毁"等情况,显示出他对战祸的忧虑。

严修善于以仁心发现人才,助人成才。他在开始注重新式教育时,就从众人中发现张伯苓,即视为办新式教育的主要助手和伙伴,与其偕赴国外考察,并同筹划办新式教育,对张伯苓的教育实践活动给予非常的信任与支持。张伯苓在奔走建立南开大学时,主张以实用为科学重点,就有人恶意讥讽张伯苓是把科学从崇高地位拖到尘埃,是"只配做一个职业中学校长"。严修面对这一情况，不为所动，依然全力支撑张伯苓继续办学，终于办成中外驰名的南开大学，培养出难以数计的栋梁之材。张伯苓也成为极有成就的大教育家。严修的这一贡献是无人能与比拟的。张伯苓在追悼严修的会上曾满怀深情地追念说："严先生道德学问，万流共仰。个人追随颇久，深受其人格陶冶。南开之有今日，严先生之力尤多。严公逝世，在个人失一同志，在学校失一导师，应尊严先生为'校父'。"张伯苓这一发自肺腑的评价，是对严、张的深厚友情及对严修历史地位的公正议论。其他如对青年时代周恩来不存偏见的礼遇和无私资助以及对亲友子弟的奖掖，多有专文论及，这里不再涉及。

严修不仅行可为世范，还留下极为珍贵的文献积存。在他逝世之后，他的后人将他的一大批包括诗文集、日记、杂记、函札等在内的手稿，捐赠给了天津图书馆。其中日记部分，以其时间跨度较长，内容史料价值较高，很引起一些学者的关注。严修日记手稿原系线装，共七十四册。上起清光绪二年（1876），终于民国十八年（1929）。凡五十三年，其中有七年散佚付缺。作者使用的稿纸在版心下面刊有不同的书斋名称。有部分稿纸还印有栏目，是专用的日记用纸。如开始的

《丙子日记》，即印有反省类的"身过"、"心过"、"口过"，记事类的"晨起"、"午前"、"午后"、"灯下"等栏。《丁亥日记》比较简略。只有温、读、写、看四栏，可以按栏填写。其余大多是条格本。记事有繁有简，有删有改。全部日记都用毛笔小行书记写。其中《欧游日记》全部是恭楷，疑在旅欧途中忙乱，写得潦草，回国后，又整理重新书写。可见严修的书法风范。有用不同色笔将不同年代内容记写于一纸上。其文字内容，记录较详。特别是后期，多有连篇累牍的记述。也有少量关于天象物理的图画。各册以年份干支题名，或另标《恒斋日记》、《使黔日记》、《东游日记》、《欧游日记》等专名。这部长达五十余年的个人日记，内容广泛丰富。以记严氏日常生活起居及社会活动为主，兼及当时一些重要大事。举凡严修早年的学习生活、功名仕进及公务处理，与中外人士的交往及函电往来，国内外游历见闻，读书札记，兴教办学的思想和实践以及欧美、日本等地的政治、经济、文化、教育、社会等方面的情况，均有所记，对研究严修生平思想、中国近代教育史、清末民初历史转型期的诸多变化，均有重要的史料价值。

2010年是严修诞辰一百五十年纪念（1860—1929）。不禁令我这个在南开大学安身立命整整一甲子的南开人缅怀严修与张伯苓对近代新式教育所付出的艰辛，以及创建南开大学所作的极大贡献。他们有共同的功绩，又是相互推重的知己。只是常使我感到对严修的评论和研究，似略逊于张伯苓。因而总想选读一种比较完整的严传作进一步的了解。前几年偶然读到李冬君所著《中国私学百年祭——严修新私学与中国近代政治文化系年》。作者采用编年体裁，把严修一生梳理辨析得非常有条理、有创见，读完以后，颇有所得，尤其至今仍在记忆的是那本书的一则题记。作者评价严修的一生说：

> 他是一个学者，用一生来实验一个思想：将私塾改造为学校。用一生来会通一条学理：通中西之学，通古今之变，通文理之用。用一生来守住一个真谛：立国，自由民主；立人，忠孝仁义。

我非常赞同这位女学者的卓识，我期望更多人在推崇张伯苓的同时，不要忽略严修对南开大学、对近代中国新式教育完整体系的首创之功。鼓呼他，怀念他，尤其是南开人要虔诚地纪念和缅怀这位"校父"——严修。

〔附〕

严修与《严修日记》

一个人从旧营垒中冲出来很难,冲出来又以新思路建立新营垒更难。在中国近代教育史上确有一人挣脱封建教育制度,创立新式教育体制并获得成就,那就是南开大学、南开中学的创建人之一、被尊称为南开"校父"的严修。

严修(1860—1929),字范孙。他接受过完整的封建教育,顺利地经由科举的道路步入仕途,由翰林院编修累官至贵州学政、学部侍郎,成为封建统治集团中的一员。1898年戊戌变法的失败对他的思想当有所冲击。他清楚地认识到要国家富强,首在教育,于是毅然摆脱旧的思想桎梏,弃官归里,立志创办新教育,造就新人才。他在新的20世纪初,将理想付诸实践。1904年,他在严氏家馆的基础上成立南开中学,推行新式教育。辛亥革命后,他谢绝各种新公职的任命,一心从事新式教育的探索和试验。1906年他与张伯苓合作创办专门部和高等师范班,未能收到应有的效果。于是又分赴欧美、日本各国，考察教育，颇多领会。返国后，不辞辛劳与张伯苓到处奔走呼号，筹款约人，终于在1919年9月25日建成私立南开大学，树立了新式高等教育的典型，写下了20世纪中国近代教育史上的重要一页。严修以其后半生的全部精力倾注于新式教育事业，并获取到相当的成就。不仅身前受到肯定和推崇，身后还博得更大的声誉。在他逝世的第二天，天津《大公报》的社评中，就称誉他"不愧为旧世纪一代完人"。更为难得的是1989年全国政协七届二次会议上，以决议的形式，褒扬他倡导新学、培育人才的贡献。这是非常特殊的一种最高荣誉。

严修推动新式教育的事迹与成就，在很多专著和论文中都有相当的论述，但对他在文化事业上的作为则论及较少。其实严修对文化建设也付出了很多的心血。他不仅在南开大学成立后，主动捐资赠书，还敦促其亲家卢木斋出资建造南开大学图书馆，同时，他也很关心公益事业，曾在生前向天津图书馆的前身直隶图书馆一次性地捐赠家藏珍籍一千二百余部五万余卷，奠定了该馆的馆藏基础。在他逝世后，他的后人将他的一批包括诗文集、日记、杂记、函札等手稿，捐赠给了天津图书馆。其中日记部分以其时间跨度较长、内容史料价值较高，很引起一些学者的关注。但因系手稿，保护措施较繁，检读也不方便，一直未能充分发挥其社会效能。收藏者天津图书馆始终谋划以出版物形式向社会提供，而难获机缘。直至世纪之交，南开大学出版社以日记作者为本校创办人之一，且日记本身又有较高史料价值，有意刊行日记手稿，遂与天津图书馆往返协商，取得共识，组成《严修日记》编委会。共同擘画，稍加编次，于2001年12月由南开大学出版社影印出版。成十六开本四巨册，共二千八百余页。从此，深藏金匮之严修日记手稿，乃得面世而使学者尽得其用。实可称学林一大功德！

严修日记手稿原系线装。共七十四册。上起清光绪二年（1876），终于民国十八年（1929），凡五十三年，其中有七年付缺。按作者习惯，恐非缺记而是散佚。但无疑是一部时间跨度长，内容涵盖广的大型日记。作者使用的稿纸，在版心下端刊有毋自欺室、蟫香馆、秀文斋及枣香书画室等字样。有部分稿纸印有栏目。如开始的《丙子日记》即印有反省类的身过、心过、口过，记事类的晨起、午前、午后、灯下等栏，《甲申日记》即印有晨起、午前、午后、灯下、记事、杂识和日知各栏，《丁亥日记》则很简略，只有温、读、写、看四栏，可以按栏填写。其余大多是条格本。记事有简有繁，有删有改。全部日记都用毛笔小行书记写，其中《欧游日记》则全部是恭楷，可以见严氏的书法风范。有用不同色笔将不同年代内容记写于一纸上的。其文字内容，记录较详，特别是后期多有连篇累牍的记述。也有少量关于天象、物理的图画。各册以年份干支题名，或另标《恒斋日记》、《使黔日记》、《东游日记》、《欧游日记》等专名。今刊行本由编委会新题《严修日记》。

《严修日记》内容广泛丰富，以记严氏日常生活起居与社会活动情况为主，兼及当时一些重大事件。举凡严氏早年的学习生活、功名仕进及公务处理、与中外人士的交往及函电往来、国内外游历见闻、读书札记、兴教办学的思想与实践以及对欧美日本等地的政治、经济、文化、教育、社会等方面情况，均有所记，十分丰富。这部日记对研究严氏生平思想、中国近代教育史、清末民初社会重大转型期历史的诸多变化均有重要的史料参考价值。

这部大型日记所涉及的人物事件繁多，而且不少人名不著姓氏，只记其名或字，事件也多语焉不详，不太易于把握。因此，如能再由专人进行二次文献工作，补编一份综合索引，刊诸报刊，则尤利便于读者。

唐绍仪之死

清末民初政坛上曾有一位涂抹着历史过渡时期浓厚色彩的著名人物，那就是晚清尚书、民国首任总理唐绍仪。他宦海浮沉五十年，经历过若干重大政治风暴和旋涡，终而死于非命，成为一位引人议论的历史人物。

唐绍仪虽在清末居于高位，但他既不是书香门第，也不是封建科举制度下的"正途"出身。他于清咸丰十一年十二月初三日（1862年1月2日）出生在广东香山县唐家湾一个有一定"洋味"的家庭中。父亲唐巨川是茶叶出口商，族叔唐廷枢是李鸿章手下的洋务人员。唐氏本人则在十三岁时就以清朝第三批留学生资格出洋。经过七年苦读，接受了西方教育后便奉命归国任职。不久即派往朝鲜，开始了在朝鲜的十六年外交生涯。他在这段漫长的宦途中，不仅历练了政务才智，还结识了野心勃勃的袁世凯。他在袁世凯的支持下，清末任津海道、邮传部尚书。民国建立后唐被优选为首任总理，成为显赫一时、享誉中外的政坛大佬。抗战发生后，他由香港返居上海。由于他的政治声望引起敌伪的注意，故被视作"以华制华"傀儡的最佳猎物。计划由唐组织全国性伪政府，取蒋介石地位而代之。日本许多特务首要如谷正之、土肥原等和汉奸陈中孚、温宗尧等频繁往来于唐府。于是唐绍仪出任伪职之说通过各种渠道在社会上流传散播。

唐绍仪是历经政治风云、老于世故的成熟政治人物，对于自己所处的荣辱得失，是有充分考虑的。但又以身居日寇包围中的孤岛上海而不愿得罪任何一方，便采取与各方暧昧不明的态度。这就不能不引起各方的揣测，而置自身于险境。

国民政府在抗战初期还有所顾忌，不敢公然与日伪勾结。若唐绍仪出主南北统一的伪政府，可能会拉走一些党国显要而使其大扫面子。这对蒋介石的地位显然构成威胁。加以传说蒋与唐曾有宿怨，因此决心演出杀鸡儆猴的把戏来威慑异己，而责成军统执行。

1938年9月30日晨九时许，经过军统方面的精心策划安排，一辆黑色小轿车载着三个不速之客停在福开森路上一座漂亮的花园楼房前。两个商人打扮的人各携小木箱，另一人原系唐府旧随从人员谢志磐。正因为谢是经常来往的旧人，所以应门者毫不犹豫地将来客让入客厅，并从楼上请下主人后即退出。时间仅仅只有十几分钟，客人就携箱辞出登车疾驰而去。正当门卫有所疑惑时，客厅中已传出主人被害的呼叫声。原来唐绍仪已被谢志磐等三人奉军统之命所砍杀，横尸厅堂。次日，这一惊人消息不仅遍及沪滨，而且各报又竞相刊发具体情况，成为社会各界议论不休的话题。

刺唐杀手无疑是军统所派。据台湾出版之《中外杂志》所载军统北平站站长的回忆录中说："因唐已定意做汉奸，故予处决。"此为"必杀论"。

1987年、1989年曾在珠海召开过两次唐绍仪研讨会，唐绍仪之死成为会议的热点。沈醉先生也与会并发表了意见。他原是个中人，应该深知其事，并能做出准确解释和判断的。他认同刺唐是军统的奉命行事，但却称这是"误杀"。我不能苟同"必杀"与"误杀"的说法而在会上提出了"错杀论"。所谓"必杀"者是罪有应得之杀。"误杀"，则是二人同行，应被杀者未中而不应被杀者却被杀，方能称为"误杀"，以示被误杀者为无辜。军统刺唐则处心积虑，精心策划，由专人执行专案，断然"处决"未构成犯罪事实的"罪犯"，岂非"错杀"？当时国民党政府也已在事实上承认"错杀"，所以事发之后，军统即于10月1日建议"专电慰问唐氏家族，或由中央明令褒恤"。10月5日，由国民党政府明令褒扬，拨发治丧费五千元，宣付国史馆立传以掩饰其"错杀"之误。唐绍仪与日伪有所往来，态度不够明朗，确实未能善保晚节，但终究没有扮演傀儡角色。而且还表示过"如要我和子玉（吴佩孚）出作傀儡则万难办到"的决心，则仍可称"晚节未失"。对于唐绍仪之死应该说是"晚节未失，惨遭错杀"。

梁启超与《中国历史研究法》及其《补编》

19世纪末20世纪初，在中国的政治舞台和学术论坛上闪现过一缕时明时暗的星光。这就是曾以"维新志士"与"国学大师"两顶桂冠博取到声誉的梁启超。梁启超在政治上的起落浮沉自有评论，但他在学术上留下的千余万言著述却是政治、文化、学术、思想诸方面的重要参考资料。对于这笔遗产的整理、吸取和再认识是必要而有意义的。

梁启超是一位博涉群籍的学者。他驰骋于哲学、史学、文学、经济、宗教等广阔的学术领域之中，做过应有的历史贡献。他在史学领域中为建立资产阶级史学理论和治学方法进行了二十余年的努力而有所建树，留下了多种著述。《中国历史研究法》及其《补编》是他在史学方面的最后著作。它们从二三十年代以来不断地产生着影响。当然，影响所及也包括我在内。

早在三四十年代，我还是一个中学生时就震于梁启超的盛名。黄遵宪对他的"惊心动魄，一字千金"的颂赞更增加了我的仰慕。当第一次在中学国文课本上读到《欧游心影录》的选篇时，立即感到此公果然名不虚传。文章是这样条畅清新，沁人心脾。接着，又读了《清代学术概论》，他的渊博把我的仰慕推向了崇拜。所以当四十年代我已成为大学历史专业的学生后，就首先通读了《中国历史研究法》及其《补编》。他那常带感情的笔端和言之成理的见解又深深地吸引着我这初窥史学殿堂的青年。尤其是他娓娓而谈的治学方法更具有着特殊的魅力。

《中国历史研究法》及其《补编》的初型都是讲演稿经过整理而后成书的。前者1921年为南开大学的讲演稿，次年整理后由商务印书馆出版。后者则是1926至1927年间在清华大学国学研究院的讲演而由弟子周传儒和姚名达整理补充并经校定后，于1933年由商务印书馆出版。这两本书虽说都是讲演稿，但绝非讲者的即席发言，而是长期思考后的独得之见。梁启超在正编的自序中曾申明其长期积累酝酿的过程说：

启超不自揆，蓄志此业，逾二十年，所积丛残之稿亦

> 既盈尺，顾不敢自信，迁延不以问诸世。客岁在天津南开大学任课外讲演，乃襄理旧业，益以新知，以与同学商榷，一学期终，得《中国历史研究法》一卷，凡十万言。

隔了几年，梁启超又为补充旧作而在清华大学国学研究院讲《补编》。他注重专史的研究，并具体细致地讲了研究方法。可惜由于病魔缠身，有些部分不能不由其弟子周传儒、姚名达来补成，有些部分则一直付缺。

虽然如此，这两部书仍不失为资产阶级史学理论的代表作，它们对后世的史学界有着重要的影响。在30年代出版的一本《中国史学史》（魏应麒著）中就以此二书殿自己著作之末，视为中国史学发展的里程碑。赞誉这两本书"内容丰富，讲解详明，屡有独特之见解"，是梁启超中年以后"惓惓于史学著作"中的最重要著作，其"启蒙之功，非过去任何史家所能及"。这里有出于"偏爱"的过誉。

梁启超所谓"蓄志此业，逾二十年"之说，的确不假。他在缅怀着20世纪初对封建史学揭竿发难，为资产阶级史学披荆斩棘的光荣往事。那时，他刚刚逃脱掉戊戌政变的屠刀而流亡异域，惊魂甫定而余勇犹在。于是从政治舞台转向学术论坛，发动了学术变法。1901年他在《清议报》上发表的《中国史叙论》和1902年在《新民丛报》上发表的《新史学》吹响了资产阶级"史学革命和史学革新"的号角。"新史学"是梁启超适应20世纪初中国社会发生急剧变化的形势，并吸取日本资产阶级史学理论而采取的时髦口号。梁启超的这种勇气反映出他曾经历过戊戌变法的政治实践，也显示出中国资产阶级上升时期的气魄。梁启超在这场战斗中自命为"新史氏"，大声呼吁："史学革命不起，则吾国不救，悠悠万事，惟此为大。"但是，这种锐气和锋芒在历尽二十年来政治风云和复古思潮的磨荡而逐渐销蚀，也在汹涌澎湃的新思潮的冲击下而节节败阵。因此，作为他晚年作品的《中国历史研究法》及其《补编》就显得已失去了"新史学"那种昂扬的斗志。"蓄志二十年"的倒退结局是客观现实的铸造。梁启超失意宦海而谋求逞于学术的主观意愿也难于鸟飞鱼跃了。

　　《中国历史研究法》及其《补编》所涉及的问题不少，但总括起来不外史观与史法。它们各有侧重：正编重论，发挥资产阶级史观为多。《补篇》重法，介绍治学方法较详。梁启超在讲《补编》时已意识到自己理论上的贫乏。他说《补编》的总论（即发挥理论部分）"很零乱，没有什么系统"。而分论（即讲述具体治学方法部分）则"较复杂，更丰富"。这种自述正表明资产阶级史学理论的日趋败退。

梁启超在《中国历史研究法》阐述了建设资产阶级史学理论的程度。他首先自觉地承担了资产阶级史学家先辈的职责。他认为诸项特别史料"在欧洲诸国史经彼中先辈搜出者已十而七八，故今之史家，贵能善因其成运独到之史识以批判之耳。中国则未曾经过此阶段，尚无正当充实之资料，何所凭借以行批判，漫然批判恐开口便错矣"（第五章）。

在做好"正当充实之资料"的准备后，才谈得上批判旧史。他提出要从读者对象、写作对象、扩大研究范围、加强客观认识、搜集和考证史料、注意写作方法等方面来改造旧史的六大弊病（第三章）。他还批判了二十四史是"帝王将相家谱"和"墓志铭"的封建英雄史观。他的各种批判纵有过苛的地方，但还是触及了封建史学的要害。遗憾的是，这位资产阶级史学理论的创造者并没有力量摧毁英雄史观的堡垒。他只不过以资产阶级的英雄史观代替了封建的英雄史观而已。

以资产阶级英雄史观代替封建的英雄史观只是以暴易暴的变换，而书中对此所阐述的诸种论点则显得更加明目张胆。梁启超以"历史的人格者"偷换了历史上"英雄"和"名人"的概念。这些"人格者"的"面影之扩大几于掩覆其社会"。他宣扬若干"历史的人格"的"心理之动进，稍易其轨，而全部历史可以改观"，而史迹的创造都是人的心理所构成。在梁启超看来，历史的发展与停滞完全取决于少数"英雄"的"方寸之动"。因为"一个人方寸之动，而影响及于一国一民族之举足左右。而影响及于世界者，比比然也"（第六章）。他把历史完全看作是英雄人物"心力之动"的凑合。这种观点到了《补编》就更公然宣称"历史不外若干伟大人物集合而成"（第三章）。他宣称如果没有"英雄"，其中包括没有梁启超本人，那么"现代的中国是个什么样子，谁也不能预料"（第三章）。但是，他终究是不同于封建史家的资产阶级史家，他重视历史因果的探索，他力图探索英雄与时代、与社会、与民族的关系，企图从中发现隐藏在"英雄"背后推动历史前进的力量。可悲的是他终于发现的"历史之一大秘密"乃是有"所谓民族心理或社会心理者"。因此，他主张"史家最要之职务，在觑出此社会心理之实体……观其若何而发动，若何而变化而精察夫个人心理之所以作成之表出之者，其道何由，能致力于此，则史的因果之秘藏，其可以略睹矣"（第六章）。探索历史因果没有触及客观规律的所在，反而堕入到主观心理的泥沼中，无法达到他设想的历史乃为"鉴往知来之资"的目的。这正是资产阶级史学理论最终难以从自我矛盾中解脱出来的必然结局。

梁启超在两书中都比较详尽地讲述了研究方法，其间有不少甘苦之言。这正是它能引动人们心向往之的奥窍所在。他在《中国历史研究法》中提出了研究历史的方法程序是先定专题、搜辑材料、纵横联系、分析重点、探索心理与物质条件及其局限，观察必然与偶然。在《补编》中虽于此语焉不详，但与正编思路完全一致。即求真实史料，进行分析评价，为人提供资鉴。两书共同提为研究基础的就是梁启超认为应做的补课工作——准备"正当充实之资料"。他在《中国历史研究法》中讲了许多具体做法。如对史料主张"求备求确，斯今日史学之出发点也"（第四章），而"以求真为尚"。那么如何求呢？那就要"汇集同类之若干事比而观之"，也就是说要"博搜而比观"。鉴别史料主要在于"正误辨伪"，并提出具体办法和注意点（第五章）。在论次文字上，他主张于"同中观异，异中观同"，以求得新理解。在《补编》中除概论了人、事、文物、地方、断代五种专史外，并详细讲述了人的专史与文物的专史的具体做法。这种解剖具体事例的做法使人们易于捉摸学步。其中某些具体技能不能一笔抹杀，而还有一定的借鉴作用。这一点恐怕正是两书尚有一定生命力的原因所在。

梁启超对自己这两部晚年著述是寄托希望的。他想借此开一代资产阶级史学的风气，而期望它为百世所师法。这正如他在那篇名为《自励》实则自负的诗中所写的名句"著论肯为百世师"所透露的内心隐秘。诗句的陈义虽美，但终不若他的前辈龚自珍在《己亥杂诗》中所写"但开风气不为师"的格调之高！

〔附〕

梁启超与饮冰室

19世纪末20世纪初，在中国政治舞台和学术论坛上闪现着一颗时明时暗的明星,他的名字是梁启超。他虽拥有"维新志士"和"国学大师"两顶享誉于世的桂冠,但他政治活动的成绩,远不如学术成就之具有影响。梁启超是一位博涉群籍的学者,于文、史、哲、经各个领域皆有所贡献。特别是在史学领域中,他为建立资产阶级史学理论和治学方法曾自清末以来进行了二十余年的努力,留下了多种著作。《中国历史研究法》是他在史学方面亲手完成的最后著作。而这部著作就成书于他在天津旧意租界寓所旁的书斋——饮冰室中。当然梁启超在饮冰室中还写了若干其他学术著作,并策划过一些政治活动。

梁启超从1915年定居天津后,虽不断离津到有关地方去参与政治和社会活动,但主要精力还是在饮冰室中做"不朽之盛事"。《中国历史研究法》是他于1921年秋应天津南开大学之聘在该校主讲中国文化史时的讲稿而合成为一书的。梁启超非常重视自己这部著作,他在次年成书的自序中说:

> 启超不自揆,蓄志此业,逾二十年,所积丛残之稿,亦既盈尺,顾不敢自信,迁延不以问诸世。客岁在天津南开大学任课外讲演,乃衰理旧业,益以新知,以与同学商

权。一学期终，得《中国历史研究法》一卷，凡十万言。

梁启超在自序中所说的"蓄志此业，逾二十年"的说法，的确没有过分。他缅怀着20世纪初期，对封建史学的揭竿发难，为建立资产阶级史学披荆斩棘的光荣往事。1901年，他在《清议报》上发表的《中国史叙论》和1902年在《新民丛报》上发表的《新史学》，吹响了资产阶级"史学革命和史学革新"的号角。他大声呼吁"史学革命不起，则吾国不救，悠悠万事，惟此为大"，显示他在上升时期的雄伟气魄。《中国历史研究法》这部晚期作品虽然缺乏原有的锐气，但在总结和概括资产阶级新史学的史观和史法方面仍具有划时代的意义。他在这部著作中阐述了资产阶级史学理论的程序。他提出要从读者对象、写作对象、扩大研究范围、加强客观认识、搜辑和考证史料、注意写作方法等六方面去改造旧史学。他还提出研究历史的方法程序是先定专题、搜辑材料、纵横联系、分析重点、探索心理与物质条件及其局限、观察必然与偶然等。而具体做法是对史料要"求备求确"，"博搜而比观"，要"正误辨伪"，要"同中观异，异中观同"，等等。梁启超的这部著作对后来确有重要影响。可以引他在一篇题名为《自励》诗中的名句来评说,那就是他撰写此书含着一种"著论肯为百世师"的愿望。

《中国历史研究法》在中国史学领域中是一部里程碑式的名作,而"饮冰室"则是这部名作的诞生地。"饮冰"是取《庄子·人间世》的"今吾朝受命而夕饮冰"的语意,表明他虽退居著述,但对世事的扰攘,仍怀着一种忧虑焦灼的挂念,包含着他对政治的脉脉含情,未能决然忘情的内心活动。饮冰室的文化内涵足以作为天津这座文化名城的一种标志。它的旧址在今河北区南部,民族路中段西侧,是意式庭院建筑。据说原有装饰与陈设,很有价值,可惜未能得到良好的保护,早已面目俱非。有知情者见告,现在只能见到一旧书箱,尚可视为故物。它虽已于1991年8月即定为市级保护单位,但至今居室尤为民居所占。要想恢复旧貌,阻碍恐多。近悉市政府已定以日意租界为主体,建设一处"意式风情区",定位于以渗透某些中华传统文化精神的意式建筑为景观,以商务、旅游为重点的新型开发区。这一信息令人高兴。因为久被湮没,使慕名者为之怅然的饮冰室,即将有新生的机缘。不过,我也有一丝不应有的担心。近年的这类建设，往往倾斜于修通衢、建大厦那些易见政绩的方面，而未能多着眼于文化深层。我深深期盼着，这处曾出名著的名斋将在整旧如旧的原则下，为"意式风情区"增一大人文景观。唯望主其事者，有所采纳，幸甚！幸甚！

吴佩孚开府洛阳

吴佩孚是北洋军阀集团中具有强烈政治野心的少壮派人物。他不仅时刻抓紧兵权，扩大兵权，而且日夜梦想"武力统一"，以攫夺最高的政治权力。直皖战争胜利后，他就曾连续倡议召开"国民大会"和"庐山国是会议"。其目的就是要以此取消当时的南北两政府，尝试着另组一掌握政治极峰的政府。然而那时他的军事实力还未能达到一呼百应的程度，而且还有在北洋军阀集团中鼎足而立的奉系势力在阻碍着他实现梦想。因此，他的种种政治企图都失败了。1922年第一次直奉战争以直胜奉败而告终后，直系势力迅速扩大。直接和间接占据着直隶、河南、湖北、江苏、江西、山东、安徽、福建、山西、热河、察哈尔、绥远等省区。直系军阀的政治军事实力进入到一个全盛时期。作为直系军阀中的第二号人物和实力派的吴佩孚，由于在这次直奉战争中的战功，其威望与声誉也随之增高，从而使他再度萌发组建能为他所左右的政府的野心。他扶植亲信，遥控中央，操纵政局，更集中力量经营洛阳，力求把洛阳造就成实际上的北洋政府中心。

吴佩孚在北洋军阀集团中并不是一个头脑简单的赳赳武夫，而是自命为"儒将"，颇有心计。为避免自己的政治图谋遭直系军阀内部诸将的嫉视和全国舆论的谴责，他于1922年6月30日故作姿态地通电全国称："佩孚二十载从戎，夙守军人不与闻政治之义……今者中枢已定，正统攸归，南北豪俊，行将握手一堂。夙昔所望，兹已克偿。谨以月之一日，反辔回洛，奉职治军。政治问题责在内阁。我大总统宽厚仁明，启迪于上，必有以竟兹全功。立法问题权在国会。我议员诸公历经艰困，必能牺牲成见，以定百年大计。"实际上，吴佩孚"反辔回洛"是为了摆脱在津、保地区曹锟左右的掣肘，在洛阳建立基地，培养实力，以架空津、保，号令全国。

在洛阳，他把经营的重点放在"招贤纳士"、筹饷练兵两方面。

他很懂得收纳一批能够坐筹帷幄的策士幕僚的重要性，也希望借"招贤纳士"的举措来博取社会上的赞誉。他崛起初期时的一批幕宾，如李济巨、张其锽、蒋百里、江天铎等，当时已都成为他的股肱之士，为他丰满羽翼做出过很多贡献。直奉战争后，随着他势力的膨胀，他更张大其事地招揽人才来装点自己。他聘请了当时颇具盛名的名流学者。如保皇派康有为、国学大师章太炎、实业家逊清状元张謇、遗老郑孝胥和旧军人江朝宗等，都在巡阅副使署挂上顾问、咨议等虚职，领取干薪。只要求他们"揄扬以高其身价，而为建功立业之助"。吴佩孚还做出拔贤士于众人之中的姿态。当时汉冶萍公司有一名叫许铁峰的小职员将所著《兵器学》投寄给吴佩孚，吴佩孚便以兵学家目之，派人赍资邀其入幕。于是一般希荣攀附者之流，如蚁附膻，纷至沓来。当时虚拥顾问、咨议、帮办、营务、副官、差遣等名目的，就高达千人以上。但是，这些只是吴佩孚沽名钓誉的做派。在他幕下掌握实权的仍是他的亲信私党。如巡阅副使署的交通处长张伯龄是其妻兄，侨务局副总裁赵尊贤和军需处长刘绍曾是其大小连襟，甚至鸦片烟鬼、他的早年同僚郭绪栋也竟然高踞巡署的最高顾问兼秘书长。由此，洛阳巡署成为实际办事的人员少，坐吃俸禄的人员多的衙门。其巡阅副使署的机构臃肿重复，极其庞大。巡阅副使署下设秘书长和最高顾问。秘书长下设咨议厅和参谋、军需、执法、军械、政务、教育、交际、副官等八大处。另有植林局、养鸡场、试农场、蚕桑局、航空所、无线电所、制冰场、汽车房、继光楼、花卉处、病院、兽医院、电气处等后勤服务机构。咨议厅是安置顾问、咨议、帮办、营务、副官、差遣等虚职人员的议事机构。参谋处下设参谋、海军、交通、印刷、河川等课。政务处下设机要、外交、财政、法律、通信等课。军需处下设粮服、会计、铁道三课。副官处又称承启处。诚可谓一微型北京政府。

由于吴佩孚已逐渐成为北方最大的实力派，洛阳的动静在全国颇有举足轻重之势，俨然成为各方所仰望的中心。于是形形色色的中外人士络绎不绝地来访问洛阳。从1922年7月到1924年9月，来访的国内人士有：国务总理四人，各部总长十六人，各部次长十三人，全权公使级三人，幕僚十三人，各省督军省长六人，各省代表六人，蒙古王公一人，名流文人五人，政客五人，名门望族四人，工程师一人。有些省份还派有常驻洛阳的代表，如江苏齐燮元的代表田文渠、福建孙传芳的代表王金钰、陕西刘镇华的代表孙恒卿、四川杨森的代表刘泗英等。这些各方来客和常驻代表所抱目的和任务各有不同，有希望得到吴佩孚支持的，如国务总理孙宝琦和四川督军杨森等；有的是为谋邀私利的，如康有为、江朝宗等；有的则是一般性的礼节交往，如孙中山的代表徐绍桢，而各省的常驻代表则是经常性地探询各种有关信息向本省汇报。当时到洛阳的还有一位值得注意的特殊人物，那就是共产党人李大钊。早在直奉战争前，吴李之间就经由吴佩孚的幕僚李大钊的同学白坚武的中介而有所交往。吴佩孚开府洛阳后，李大钊曾于1922年9、10月间两度莅洛与吴佩孚会晤，主要目的是为推动"孙（中山）吴（佩孚）联合"以实现南北统一。这些活动在白坚武日记中有较详记载。近来有人研究认为李大钊"两次洛阳之行，与其说是继续做吴佩孚的工作，不如说是为联合孙中山，促进国共合作的统一战线的建立而铺平或曰扫清道路"[①]。外国的访客主要是英、美、日等国的军官、使节、商人、名流等。其中以日本人居多，两年中共达四十七人次。在这些外来访客中有不少重要人物，如日本遣外第一舰队司令官野村吉三郎少将、日本天津驻屯军司令官铃木一马少将、日本参谋本部第二部部长伊丹松雄少将、日本驻汉口领事林久治

---

① 董宝瑞：《李大钊与吴佩孚的交往》，《文史精华》2002年第9期。

郎、美军司令官刚拿少将、美国前驻华公使斯坦因、英国驻华公使麦玛利等。他们都有一个共同的目的：那就是把吴佩孚拉到自己怀抱内，借助吴佩孚攫取更多新的在华权益。例如：1923年3月4日，日本天津驻屯军司令官铃木一马访洛，即要求吴佩孚聘用日籍顾问。而在此以前，日本参谋本部第二部部长伊丹松雄已在中日军界亲善的诡诈言辞掩饰下，要求吴佩孚任用日本军官训练中国军队。1924年1月4日，英国驻华公使麦玛利偕随员三人亲至洛阳面见吴佩孚，主要是向吴佩孚声明不同意中国收回焦作和门头沟两煤矿的权益，竟然被吴接受。1924年3月，美国前驻华公使斯坦因亲赴洛阳，则为说服吴佩孚亲美反日。勾结外力，寻求外力的支持，成为洛阳开府的重要目的。

吴佩孚开府洛阳的另一重大举措，就是大兴土木，扩建权力中心。1920年9月间，吴佩孚开始建基洛阳，即曾把直鲁豫巡阅副使署设在袁世凯所建的离宫里。离宫是袁世凯帝制，耗资一百七十万银两，历时一年所建的中西合璧式建筑，位于洛阳城西，北邙山南麓，伊水北岸，中经几度战乱，已失修废置。吴佩孚加以修葺，用作使署宾舍，时称西营。第一次直奉战争以后，吴佩孚成为中外瞩目的风云人物。中外访客川流不息，幕僚策士日渐冗多，西营住所已难应接，吴佩孚的权力欲也日渐膨胀。为了显示洛阳的政治、经济中心地位，他决定兴建总部，在西营东西两侧，分别修建五十余间房屋，作为参谋本部和私宅，用以延揽幕僚策士。在西营之南，耗巨资营建一座西式琉璃瓦楼房，并为标榜其仰慕明代名将戚继光的作为而将其命名为继光楼。继光楼辟室十余间，装修壮丽，设备齐全，专供接待中外重要访客。

吴佩孚为了张大其事，骗取民心，还举办若干公益事业。如修筑铁路、整顿运河、设立电台、开垦荒地、植树造林等。其中洛阳无线电台颇具规模，其通话范围北及北京、库伦，南至大庾岭。他还准备修建从洛阳至长沙的铁路等。日人所著《吴佩孚》曾揭其用心："吴佩孚胸怀以洛阳为根据地，中兴中国功业之志。一切建设以洛阳为中心计划，不仅是无线电台，他如铁道、运河、汽车、公路等交通，均以洛阳为中心设计，使之成为统一治理国家的动脉。"显然，吴佩孚是在积极经营洛阳，努力使之成为北京政府的灵魂和指挥部。

吴佩孚开府洛阳的另一最重要的措施就是练兵筹

饷。北洋军阀集团的军阀们，从自己切身体验中，深知有兵斯有权。直系军阀在直皖战争，特别是在第一次直奉战争中先后获胜后，更进一步加深了这种认识，其军事力量得以迅速膨胀。1922年前，直系军阀在直、鲁、豫及热、察、绥等六省区的兵力只有十五万人。而到1924年激增至二十五万人。其中吴佩孚所占份额最多，规模最大，颇为引人注目。

1920年9月吴佩孚担任直鲁豫副巡阅使时，便开始揭橥"武力统一"的旗号，在洛阳整军经武，操练兵马。他从1921年援鄂战争胜利后，就十分相信"武力毕竟万能"。在第一次直奉战争胜利后，他完全痴迷于"武力统一"，积极部署武力统一的整体规划，并迅即付诸实施。他从政治与军事两方面双管齐下：在政治上，策动"恢复法统"，使当时的南北两政府都失去法理根据。在军事上，他做出几项规定：一、加强洛阳防区；二、巩固既得地盘；三、插手西南政局；四、防备奉张复仇。为了实现他的"武力统一"梦想，在直奉议和后，他立即反辔洛阳，积极筹饷练兵，一意建成一支供其驱使的直属精锐部队。

吴佩孚洛阳练兵的内容是多种多样的。他开始确立"兵在精而不在多"的宗旨，淘汰老弱，精简冗额，又遴派专人赴各地招募身健力强的青年补充缺额。如1922年6月他派副官到山东夏津、武城、清平等县招兵五千人。10月间又派专人到山东曹州、兖州、莱阳等地招兵万余人等。继而，他在洛阳设立讲武堂、军官讲习所，以培养士兵和军官的作战技能和指挥本领，并在原有的兵种外又增设铁甲车队、炸弹队等，以增强军队的战斗力，应付新的战争环境。他还特地招考青年学生组成幼年兵团和学兵团，亲自训练调教。他曾抽调步兵第十三团，仿照成吉思汗的"怯薛"制度（亲兵制度），严加整顿，充实设备和给养。他扩大兵额达一万两千人。部队军制以班为单位，每班十二人。拥有步、骑、炮、工、辎重、铁道、航空等兵种。为加强战斗力，他积极筹建空军，成立航空队，派十数人去法国留学，学习航空技术。

吴佩孚并不以此为满足。为了进而控制整个直系军队，他模仿袁世凯建"模范团"、段祺瑞建"边防军"的做法，以胡景翼、靳云鹗所部两师两旅加上自己所辖的第三师，组成"模范军"，由他直接指挥。在洛阳练兵期间，他还命令直系各军，每师出兵一营，每旅出兵一连，连番在洛阳集训。训练完毕后，仍回原师旅。借此通过这些人对非嫡系军队进行渗透。吴佩孚的所有军械来源，国内的多来自上海、汉口及河南巩县的兵工厂。国外的则靠各帝国主义的支持。

经过两年的苦心经营，吴佩孚在河南的直属部队已增至五师一旅，共十余万人。月饷达八十余万元。这些直属部队的分布情况是：

第三师　师长吴佩孚　驻洛阳

第八师　师长王汝勤　驻宜昌

第十四师　师长靳云鹗　驻郑州

第二十师　师长阎治堂　驻潼关

第二十五师　师长杨清巨　驻开封

第二十六混成旅　旅长田惟勤

第四师　师长胡景翼（非正规军）

第三十六师　师长憨玉琨（非正规军）

这支人数众多的军队，如按月饷八十万计，年需近千万元。因此筹饷成为吴佩孚面临的大问题。他从两种渠道去寻求饷源，一是向北京政府索取巨额军费，二是在辖区中向人民巧取豪夺，敲骨吸髓。向北京政府索取，主要通过他在政府中窃据要津的亲信。如董康和高洪恩即分任财政、交通总长。高洪恩在任交通总长半年中，从 1922 年 6 月至 11 月就向洛阳转拨军费大约四百余万元。其详细清单如下：

日期	金额	经拨机关
六月八日	5 万	京奉
十四日	5 万	津浦
二十四日	16 万	京汉
二十六日	33 万	京汉
三十日	1.1 万	京汉
八月十七日	30.1 万	京汉
三十一日	41 万	京汉及部拨
九月十八日	24.3 万	京汉及部拨
二十四日	1.5 万	京汉及部拨
十月十三日	18 万	南满铁路株式会社及四洮路借款项下
二十四日	90 万	京汉
十一月八日	4.5 万	京汉
十七日	11.4 万	京汉及汉口电局
二十日	80 万	京汉
二十日	140 万	比国营业公司即京绥借款

向人民搜刮则是通过增加捐税、出卖省权、发行公债、滥印货币等手段。河南是他的直辖区。湖北则是他声称"借用五年"的外府。因此，两省人民所受的

盘剥之苦最甚。据1923年的统计，河南军费占全省收入的84%。湖北更高达94%。这一比例，在民国史上是罕见的，以致引起两省民众的极大反感。河南人士曾痛斥吴佩孚说："分军遍驻郑、许各要隘。凡豫省司法、行政，无事不出而干预。迭次截留各县丁粮，勒捐商民巨款，有至十万者，有至二十万者。有限二日者，有限五日者。稍一不缴，枪毙随之。待官吏如奴隶，视人民如牛马。"

湖北公民团在抨击吴佩孚的通告中，揭露了吴佩孚摧残湖北人民，搜刮财政的种种罪行：

（一）将汉溪地亩押借八百万，解洛充作军饷。（二）将象鼻山铁矿押借五百万解洛。（三）将发行四百万湖北省公债。（四）筹设联省银行钞票一千万，已在湖北发行。（五）拍卖毡呢厂六十万解洛。（六）拍卖武建营二十万解洛……（九）驻鄂客军计达八师以上，月之垫饷以外，而每月份须认解洛阳军费百余万。（十）湖北旧有官票已发行一万二千七百余万，将此基金提充军费。（十一）财厅百货税，已押款供应洛之军需。（十二）财厅将消耗生产两税增加年得百余万解洛……（十八）吴佩孚由洛移营郑州，电索湖北搬家费二十万……（二十）各县公款概行提解洛阳，充作军饷。

不仅如此，吴佩孚还把他的贪婪之手伸向其他省区。如1922年9月，他决定在湖北、河南、山西、山东、安徽五省发行五省通用官票四千万串（合银圆三千万），全部充作军饷。这些钱票、官票，一般都没有切实的基金保证。处于兵荒马乱之际，时有失去货币价值之虞。最终，这些无头亏损都转嫁到人民身上。

对外吴佩孚又接受帝国主义特别是英美帝国主义的扶植和支援。英美帝国主义则认为直系军阀"是他们的驻华武官十年以来栽培维持的产物。中国的内乱与割据正是他们永远需要的时机"。因此英美帝国主义尽力支援和资助吴佩孚。据不完全统计，1922至1924年间，美国供给吴佩孚的军火价款达三百二十八万美元。美商卖给吴佩孚步枪一万支、子弹两千万发、机关枪二百五十挺。美国人博治亚到洛阳帮助吴佩孚训练飞行员和兴建飞行机械厂。英福公司与吴佩孚订立了道济路借款一百五十万英镑。意大利则售给吴佩孚步枪一万支、手枪一千五百支、机关枪二百五十挺、子弹一千零二十万发，数量不可谓不大。这样大宗的武力装备增强了吴佩孚的军事实力。"武力统一"的野心也随之日益膨胀。

吴佩孚在各个方面的畅行无阻使他踌躇满志。自以为"武力统一"指日可待，中枢政权也将俯首听命。利令智昏使他看不到不仅直系内部裂痕日剧，保、洛对峙人所共见，而且全国民众也已日渐清楚其用心。吴佩孚正循着盛极必衰的常规走向衰落。第二次直奉战争的失败给了吴佩孚一个无法避免的裁决！

蹈海取义陈天华

1905年12月8日,在日本东京大森海湾年仅三十岁的陈天华蹈海自杀,引起国内外的强烈反响。陈天华是近代资产阶级革命出色的宣传家。三十而立之年是风华正茂的时候,却为何要结束自己宝贵的生命?是因人生的迷惘抑或对革命前途失去了信心?一时众说纷纭。

其实陈天华在留下的《绝命书》中,就表露了蹈海行动的真实意愿。他说:"惟留学生而皆放纵卑劣,则中国其亡矣……鄙人心痛此言,与我同胞时时无忘此语,力除此四字(注:指'放纵卑劣'),而作此四字之反面。'坚忍奉公,力学爱国',恐同胞之不见听而或忘之,故以身投东海,为诸君之纪念。"又说:"中国去亡之期,极少须有十年,与其死于十年之后,曷若于今日死之,使诸君有所警动,去绝非行,共讲爱国,更卧薪尝胆,刻苦求学,徐以养成实力,丕兴国家,则中国或可以不亡，此鄙人今日之希望也"，可见陈天华用心之苦。在《绝命书》中，他还为中国之兴旺，出谋划策，希望国家能日益强大起来。

陈天华生于1875年，原名显宿，字星台、过庭，号思黄，湖南兴化人。自幼家境贫寒。父亲是乡村塾师，故他从小读过不少书。他最喜欢的是民间流行的话本、弹词。那些通俗易懂的爱国人物事迹每每激发他的爱国激情。他年少时就以光复汉族为念，遇乡人称道胡、曾、左、彭功业的，不仅鄙弃不屑，而且还面有愧色。陈天华早就以异族统治为耻。

在陈天华看来，中国历史上只有元朝灭宋，清朝灭明，才是真正的亡国。而其他各朝的更替，只能说是换朝，而不能说是亡国。因为天下终究还是汉人的。本来汉人的天下，却让满族人占了。汉族人做了两百多年亡国奴，大家竟然无动于衷，这已是奇耻大辱。更何况"我中华，原是个，有名大国……论方里，四千万，世界无比。论人才，四万万，世界难当。论物产，真是个取之不尽。论才智，也不让，东西两洋……照常理就应该独霸称王"。可是，"为什么，到今日，奄奄将绝？割了地，赔了款，就要灭亡"。所以陈天华大声疾呼"耻啊！耻啊！你看堂堂中国，岂不是自古到今四夷小国所称为天朝大国吗？为什么，到如今，由头等国降为第四等国呀？外国人不骂为东方病夫，就骂为野蛮贱种。中国人到了外洋连牛马都比不上"。而且，"哪知把中国比各国，倒相差百余级。做了他们的奴隶还不算，还要灭种，连牛马都做不着。世间可耻可羞的事，哪有比这还重的吗？我们于这等事还不知耻，也就无可耻事了。唉，伤心呀！"中国不仅亡国，眼看就要亡种，陈天华痛恨国人还不觉醒。

招来国家和民族如此耻辱的原因，陈天华以为是吴三桂、洪承畴之流，贪图荣华富贵，投降卖国；是曾国藩、左宗棠之流，认贼作父，自己残杀自己的同胞；是叶志超之流，对自己同胞狠毒异常，一碰到洋人，就贪生怕死，落荒而逃。对这些人，陈天华"只恨我无权无力，不能将自残同胞的混账王八蛋千刀万段，这真真是我的恨事了"。还有读书人，只知空谈忠、孝两全，却不顾皇位上坐的是谁，恐怕是洋人，也会高呼"圣皇"。"这奴种，到何时，始能灭亡！"中国人竟落到这种地步。"做官的只晓得贪财爱宝，带兵的只晓得贪生怕死，读书的只晓得想科名……上中下三等人，天良丧尽，廉耻全无。一点知识未开，一点学问没有……国家被外国欺凌到极处，还是不知不觉，不知耻辱，只知自私自利。瓜分到了现在，依然欢喜歌舞……无耻的人，倒要借外国人的势力，欺压本国。随便什么国来，都可做他的奴隶。"所以陈天华高呼："望皇祖告诉苍穹，为汉种速降下英雄"，希望救天下于水深火热之中。

陈天华既痛恨国人的麻木，又寄希望于国人团结起来。"雪仇耻，驱外族。"只要大家明白"没有国，哪有家"的道理，去掉私心。当官的尽忠报国，当兵的舍生取义，读书的敢说敢干，带头争先。穷的舍命，富的舍钱。不管是新党，还是旧党，不管信的是何种宗教，不管是男人还是女人，大家抱成一团。"前死后继，我汉种一定能建立极完全的国家。横绝五大洲，我敢为同胞祝曰：汉种万岁！中国万岁！"（《警世钟》）

陈天华的思想和言行，表现出狭隘的民族主义观念。过分强调满汉的对立，是有一定的历史局限性的。但他却把短暂的一生，献给了国家和民族的兴亡。"国不安，吾不娶"，顾不上个人的幸福。而且他早已置个人生死于度外。"人生终究一死，只要死得光明磊落，救同胞而死，何等磊落！何等光明！""在这国家民族危难当头之时，与其贪生怕死，做亡国之奴，行尸走肉，还不如做雄鬼，为国争光。"

1903年，陈天华去日本留学。不到一个月，爆发

"拒俄运动",他毫不犹豫参加"拒俄义勇队",准备上前线,与俄军拼一死活。后因故未能成行,便开始挥笔撰写《猛回头》、《警世钟》等文章,想以此来唤醒国人的爱国之心。

"拒俄运动"遭到清政府的野蛮镇压。陈天华愤懑焦虑,寝食不安。当沙俄大量增调军队侵入东北,国难日亟。陈天华闻讯,如痴如狂,如孤儿、弱女之新丧考妣,奔走彷徨于故旧间。相见无一语,唯紧握友人手,潸潸然涕泪交横而已。继而,陈天华咬破手指,愤写血书,备述亡国惨祸,寄回国内。

1904年9月,陈天华从日本回国,与黄兴等人策划在湖南长沙起义。后因起义计划泄露,遭到清廷追捕,陈天华正襟危坐待捕。并沉痛地说:"事不成,国灭种亡,活着也同死了一样,何必求活命呢?"经友人力劝,他才勉强离开,以留身待时。陈天华再次去日本求学。

1905年10月,日本政府颁布《清国留学生取缔规则》,公然干涉中国留学生的自由。留学生团结起来,一致罢课,以示抗议。日本各报肆意嘲讽,讥为"乌合之众"。《朝日新闻》公然诋为"放纵卑劣"。留学生更加愤怒,准备全体罢课回国。但因大家观点不一致,对罢课回国出现意见分歧。为了鼓励留学界,坚持一心,贯彻始终使日报种种诬陷伎俩不能得逞。这一次,陈天华终于采取以死抗争的方式,蹈海自杀,为国家和民族的中兴,献出了自己年轻的生命!

以"破伦"精神藏书

40年代，我负笈京华，在向一些学术界老辈请教版本目录之学时，常听他们提到一位被谑称为"破伦"的奇人。这是当时鼎鼎有名的藏书家、学者伦明先生的绰号。

伦明先生于清光绪元年（1875）出生于广东东莞。字哲如，一字喆儒。他在辛亥革命时任广东视学官。1917年任北京大学教授，并兼任参议院议长吴景濂的秘书。1926年任道清铁路秘书长，奉天通志馆协修，北京大学、北平师大、辅仁大学和民国学院等校的教授，东方文化事业委员会研究员。1937年回粤任广东省图书馆副馆长，兼岭南大学教授。1944年卒于故里，享年七十岁。从这些经历看，伦明先生无疑是位官员和社会名流，可以称得上是位"缙绅先生"。但为什么他在同行专家中却博得这个含有怜惜意味的"雅称"呢？

原来，伦明先生自幼酷爱图书。后来无论就学和任职一直热心购藏图书。可是家境不甚富裕，不得不节衣缩食，甚至动用妻子的妆奁，以致妻子有怨言，而他却以诗自嘲说："卅年赢得妻孥怨，辛苦储书典笥裳。"他为了购置图书，不惜四处搜求，如无余财，宁可吃残羹剩饭，身着破衣烂履而不顾，以致被人谑称为"破伦"。但是，伦明先生面对这些或是善意的怜惜，或是恶意的嘲讽，一律置之不顾而泰然处之。他为更便于搜求珍籍，抛却了官员、教授等显位，纡尊降贵地去做"书贾"，在北京开设通古斋书肆，经销古今图书。他以"破伦"精神终于使自己成为一位先后藏书数百万卷，贮柜四百余只的大藏书家，得到了"千宋百元为吾有"的精神富足。同时，他在开书肆过程中还培养了一位出自下层，自学成才，日后享誉版本目录学界的孙殿起——《贩书偶记》的撰者。

伦明先生不是好古嗜奇的单纯藏书家，而是位学识渊博的学者。他刻意求书的主旨在于续编《四库全书》，使华夏文化的丰富遗产得以保存传递。他曾自豪地说："鄙藏之书，可作续修四库资料者，已达十之七八。"这种出自破衣烂履的伦明先生之口的豪言壮语赋予了"破伦"之称以闪耀照人的光芒。伦明先生还为自己的书斋命名为"续书楼"，以表明其一生旨趣之所在。他并以其版本、目录、校勘诸学的专长撰写了《续书楼读书记》、《续书楼藏书记》和《续书楼书目》，做了续修四库的先驱工作，给后世留下了宝贵的文化遗产。

伦明先生完全有条件走向尊贵清华的辉煌仕途，过着席丰履厚的优裕生活，但这些都被他视如浮云敝屣。他破除俗见，执着专一地奔驰于心向往之的事业。他的"破伦"精神成为他高尚情操的动力。我在听到伦明先生行事时，心情激动，十分钦敬而欲师事之。但那时他已辞世多年。我自恨缘浅未能列于门墙，但他的"破伦"精神却鼓舞我去从事不甚为人热衷的版本目录之学。可叹这种"破伦"精神为人遗忘久矣！有些为贪口腹之欲者，一掷千金无吝色。而当看到一本有益好书，仅需数元纸币时，却徘徊犹豫，终致掉头而去，甚者读书而不买书者更大有人在。实大可叹。因此，我衷心祷念"莘莘学子"能有一点点"破伦"精神。

〔附〕

读伦明先生致陈垣先生的信件

1942年夏，我负笈京华，就读辅仁大学历史学系，始列陈垣先生门墙。陈垣先生为史学大家，时皆尊称援庵先生。入学后，历年得聆援庵师亲授《中国史学名著评论》、《佛教史籍概论》及《史源学实习》诸课程，获益滋多，为我一生从事学术工作奠定初基。援庵师著述宏富。所著《元也里可温教考》、《史讳举例》及《滇黔佛教考》等常置案头，而《二十史朔闰表》尤为时加翻检之学术工具书。而援庵师则谦称此为"智者不为"之作，而"不为终不能得其用"。旨哉斯言！我将终身服其言，亦望天下学人皆能置诸座右。

援庵师学识渊博湛深，为人尤重情义。凡同辈及后学有所函询及面质，无不认真答问。又海内外交游颇广，故来往信札较多。或未加整理，杂置一隅。或抄家时为他物所掩没，致未为"文化大革命勇士们"所注意，视同废纸，幸免于难。20世纪80年代，援庵师文孙智超教授得此遗物，董理编次，成《陈垣来往书信集》一书，达数百件，其间以友人来鸿为主。出版后获读全书，更见援庵师道德文章之深蕴，惜未能亲睹原件为憾。

2010年春，小友赵胥枉顾寒舍，携来北京韩斗先生自市肆所得各方学人致援庵师函多件，共得十三人。有我曾受业的朱师辙先生，有相识并有交往者史念海及谢兴尧二先生，又有闻名仰慕而未获一面者卢弼、缪凤林、吴玉晋、伦明、方豪及莫伯骥等先生,皆享誉于学林的饱学之士。其他尚有未之识的社会名流若干人,另有日本学人松崎鹤雄一人。此十数函所涉及者多援庵师之著述及各类有关学术问题,可供参考者颇多。经查核,均已见收于《陈垣来往书信集》。今得见手书原件,幸何如也!

这十三封信中最有价值的是伦明先生的信。伦明先生(1875—1944),字哲如,广东东莞人。曾任官经商,是当时著名藏书家。他为了实现续修《四库全书》的宏愿,节衣缩食,甚至卖去妻子的妆奁,自己生活的破衣烂衫,筹款采购有关典籍,以致落个"破伦"的雅谑。而他却自嘲是"卅年赢得妻孥怨,辛苦储书典笥裳"。他遇到许多困难,适当其时,援庵师正在教育部次长任上。伦明先生遂于1921至1922年间致函援庵师,除略陈教育部部员罢工和八所高校索费二事外,主要提出三点要求,都是有关图书事业的。

其第一点是要编一部"求书目录"以充实教育部图书馆的庋藏:

> 编订一应之书目,以待搜求也。查教部直辖之图书馆,收藏非不富,然皆就旧有而保存之,初未调查我国现存之籍共有若干。例如经部,除四库所录外,其未收者若干种。

> 在修四库后成书当时未录者若干种。或旧本尚存，或尚有抄本。其最精要之某种则不可不多方求之，或就藏书家移录之。盖此图书馆为全国之模范，其完备亦当为全国冠。况迩来旧书日少，且多输出，私家藏贮，不可持久。若无一大图书馆办此，则国粹真亡矣。

《求书目录》亦可称《阙书目录》。这种目录缘起于北魏。北魏孝文帝积极推行鲜卑人汉化的政策，于迁都洛阳后，鉴于北魏图书甚缺，便命人编定《魏阙书目录》，持赴南朝求书。这是北朝唯一见于著录的一部目录。伦明先生是一位目录学家，可能想到这一做法，所以提议编一求书目录。

其第二点要求是：

> 为校雠《四库全书》也。前此曾有刊印四库之议，但此书之讹脱，触目而是。若任刊布，贻笑外人（前日本人某曾著论言之）。且传布此讹脱不完善之本亦奚取乎？但此书博大，校雠不易。现在教部人员极冗，一时谅难裁撤。其中文理清通者当不乏人，与其画诺而无所事事，何如移一部分之人以校此书。且馆中人员亦不少，若去其素餐者以置清通之人，不一二年，此书便可校完。在国家不费分文而成此大业，何快如之。至校书之法，则宜将内务部新

得之四库，或再借用文渊阁之四库，至各书之有刻本者亦居大多数，皆可取资也。

校勘四库，兹事体大。且牵涉某些既得利益者，置游手好闲，无所事事者流于日事丹铅，朝夕点勘诸事，岂能无窒碍乎？近十年来国内竞相刊布四库，或一阁多版，或出以光盘，皆借以牟利，未闻有能聚清通之士，一一点勘者。不知何以对伦明先生？

其第三点即是有关续收《四库全书提要》一事：

> 续收《四库全书提要》，此着为最要紧。乾隆修书之时，多所忌讳，未著录并未存目者甚多。且晚出之书为当时所未见者亦多。若乾隆以后之著述，其未及收更不待言矣。尝谓我国学术之发挥光大，皆在乾隆以后。若此小半截不全，大是憾事。为时未久，各书搜求尚易，且宿学现存者，亦尚有人。宜聘请通达者约十人之谱，每人薪修，月约五六十元（另有课责之法，兼差者亦可但限若干日成一书）。月需经费约一千元左右，亦约一二年而功成，即在学款所减内筹出此数非难。

续修《四库全书》是伦明先生的夙愿。他曾倾家财聚书为续修四库作准备。他曾自豪地说："鄙藏之书，可作续修四库资料者，已达十分之七八。"并名其书斋为"续书楼"，著《续书楼读书记》与《续书楼藏书记》，而续提要尤为其要著。值得庆幸的是，时隔两年，编纂《续修四库全书总目提要》一事即在1925年10月开始策划，由日本人出面，利用"庚子赔款"进行，并于1931年7月开始撰修提要。至1945年7月由各类学科的中国学者（有个别日人）共同完成初稿，共收入古籍三万余种。伦明先生得亲见其事始终，并参与撰写提要，亦可谓已完成其夙愿，伦明先生亦足自慰矣。

伦明先生这三点要求，确为图书事业中之重大举措。颇寄希望于援庵师，故在函末又郑重其事地申言云：

> 如能办到三事，则我公为福于国学者不细。且政治不过暂局，我辈在世界上要当作一事业，留作后世纪念。昔彭文勤在朝，颇不满于清议而功在四库，至今谈者犹乐道之。我公如有希望于后世者，此其时矣。闻教长尚未定人，最好我公以次长代理部务。

伦明先生满怀热诚，以至情寄希望于援庵师。而援庵师究竟如何对答处理，因无援庵师复函，也无其他记载与传闻，不能妄加猜测。按照援庵师处理事务的习惯，会有复信的。但原件未得，难见真相。至伦明先生所言三事，以今视之，亦颇有难度。援庵师书生入仕，职任副贰，恐亦难周章其事。且致函时间在直皖战争后，直系军阀正意气自得，扩充武力之际，视教育文化事业若敝屣。即使诉之上峰，其结果亦不过付之"待议"而搁置。若未来档案中有所发现，当可补此缺陷。

今年为援庵先生一百三十岁冥诞，有关方面在京举办纪念会，我理应到会，自陈学业进程。但年近望九，步履维艰，且气候变化靡常，未能躬逢其盛。适得伦明先生此函，捧读再三，若见前辈学人风范。乃作题记呈献，以见白头门生之虔诚。

通俗史学家蔡东藩

几年前我曾写过一篇题作《历史与演义》的文章，其中有一大段涉及蔡东藩和他的通俗演义。文中写道：

> 中国有一套自黄帝开始至清朝为止，延续不断，只有重复而不中断的二十六史。但是这样一套通贯古今的大书要求国人都去阅读，实难行通。所以有些有识有学之士，以自己熟读史书的功力，把许多史事和人物消化咀嚼，加以故事化、情节化和通俗化，改写成演义，把演化出来的历史大义普及到万民之中，起到了一定的存世教化作用。我的一位乡先辈和远房姻亲蔡东藩先生，僻居在一处名叫临浦的小镇上，教读之余，撰写了篇帙繁复的历朝通俗演义，为一般平民提供了良好的历史读物。我生也晚，未能面谒受教，但听父辈说，蔡先生对史书几乎是倒背如流，会讲故事，文笔也快。虽然生活条件很差，仍然写作不辍。他写这么大套书，可经济所得无几，而经营这套书的会文堂书店却发起来了。我学历史就是从蔡先生这套书入门的。后来有不少史学同道也多受此书启蒙，更有很多不专攻历

史的人也都从中得到古今历史的大概。

这是我对蔡东藩一次很粗略的勾画,只表达一种仰慕之情。而对这样一位留下大量精神财富的史学大家的生平与事业,显然是论述非常不足的。多年来总感到这是对乡先贤的一种负疚。因此特就其人其书作一论述,以尽后学阐幽抉隐的职责。

一、一位具有高尚品格的通俗史学家

儒家亚圣孟轲曾对学者的最高品格境界做过具体的界定。他在《孟子·滕文公下》篇中说:"富贵不能淫,贫贱不能移,威武不能屈,此之谓大丈夫。"意思是只有三者具备,方称得起是个顶天立地的大丈夫。若衡之于蔡东藩先生的生平行事,诚无愧于三者。

蔡东藩(1877—1945)名郕,字椿寿,浙江萧山临浦镇人。他的一生正处在中国近代历史发生巨变的时代。他经历了甲午战争的中国失败、维新变法的惨痛、八国联军的疯狂侵略、辛亥革命的推翻帝制、袁世凯的帝制自为、北洋军阀的纷争混战,以及中国人民的八年抗日等惊天动地的事件。世事纷扰,山河破碎。不能不使这个长期接受传统文化教育的知识分子，日益加深其忧患意识，而不自觉地熔铸了他具有儒家学者三项标准的优秀品格。

他出身贫寒，过着箪食瓢饮的日子，住着以教读抵租金的居室。虽是比较简单的斗室，但他因其临近浦阳江一支流而命名为"临江书舍"或"临江寄庐"，不过并无任何标志，只求自得其乐。吃的是青菜豆腐，穿的是一袭青衫。可是，他并不以此清贫生活为苦，依然教读行医，著述不辍。他在光绪十六年（1890）年仅十四岁时，即成秀才，为乡人亲友所称赞。后科场不顺，多次失意。直至宣统二年（1910）三十四岁时，才以优贡朝考，名列一等，分发到福建候补知县（一说分到江西。此据蔡氏后人所撰《年表》）。如果他能降志辱身混迹官场，也许能博取富贵。但一则他家境贫寒，无力应酬。再则他看到官场各种蝇营狗苟的无耻恶习，就在馆驿中奋笔疾书了明示志趣的话说："礼义廉耻，国之四维。四维不张，国乃灭亡。我枉文以求知，已增惭汗。如果再枉道以求官，那等于为国添一蝇狗，即为国家多一蟊贼。负己尚可，负国负民，断不可以。"这些慷慨激烈的言辞，实为腐败官场所罕见。从此，他决意敝屣荣华，告病归里，重回"君子固穷"的旧日生活。他手无缚鸡之力，不过一介书生，但能临危不惧，铁骨铮铮。当他所写《民国演义》问世后，因秉笔直书，有触犯军阀劣迹数处，遂遭武夫恐吓，弹头威胁。有人亦劝其曲笔，"隐恶扬善"。但他决不为动，宁愿搁笔，决不曲笔。蔡东藩的种种立身行事，应说是合乎孟子对于大丈夫的三项要求，而称得起是一位善于继承优秀文化传统的真正儒者。

蔡东藩又是一位教育家。他不仅就馆人家，设帐施教，还担任过萧、绍地区的中小学教师。他为了更广泛地引导学生接受新思想、新风尚，特地精选了中外有关政治历史的论说文八十篇，编为《中学新论说文范》一书。他在该书自序中明确表述了编选主旨是："夫我伸我见，我为我文。不必不学古人，亦不必强学古人。不必不从今人，亦不必盲从今人。但能理正词纯，明白晓畅，以发挥新道德、新政治、新社会精神，为新国民之先导足矣！"

蔡东藩自绝望于官场，即倾其毕生精力于著述。他一生著有《中等新论说文范》、续增《幼学故事琼林》、《留青别集》、《留青新集》、《续增唐著新尺牍》、《内科临证歌诀》、《客中消遣录》、《楹联大会》、《风月吟草》、《写忧草》和《浮生若梦》等。而他用力最勤、成就最大、影响最深的著述，则无过于他耗时十年所撰成的《历朝通俗演义》。正因为有这样一部通贯古今的通俗史学巨作，才使他赢得通俗史学家的美誉。

二、一套通贯古今的《历朝通俗演义》

蔡东藩著述很多，但能享盛名而传之久远的，则是《历朝通俗演义》。蔡东藩之所以能以极大的毅力完成这套通俗历史著述，绝非一时冲动的偶然行为，而是有其一定的思想基础。他身经国运艰危，目击风雨飘摇，不可避免地会像同时代有些知识分子那样，受到"救亡图存"时代潮流的冲击。当时，实业救国、教育救国、富国强兵等课题，流传于社会。蔡东藩也必然会结合自己的条件作自己的选择。他深明亡史亡国的教训，而要用自己的文史知识和秃笔凹砚写出两千多年中国历史的兴衰治乱，用以警觉民众，振奋精神，以实现其"演义救国"的素志。就在他思考酝酿的过程中，辛亥革命爆发，给他带来了希望的曙光。但迎来的却是北洋军阀集团的统治和袁世凯的帝制自为。蔡东藩在这种政治恶行的刺激下，决定先从《清史通俗演义》开始。其主要目的是以这个被推翻的专制政权为靶的，笔伐"洪宪帝制"。他在《清史演义》的自序中，即已明确自陈其主旨说："孰知时事忽变，帝制复活。筹安请愿之声，不绝于耳。几为鄙人所不及料。"于是就在1915年秋动笔，用传统的章回体撰写《清史通俗演义》，至次年秋脱稿（蔡福源：《蔡东藩年表》。一些研究者根据蔡氏《清史演义》自序所署"中华民国五年七月"而定始撰年代为1916年，但1916年是成书年代，非始撰年代，应以蔡氏后裔所撰《年表》为据）。以后又陆续撰写各朝演义，直至1926年。总共撰写了十一部，分别是：前汉、后汉、两晋、南北史、唐史、五代史、宋史、元史、明史、清史和民国史，据有人统计共六百五十一万余字，一千零四十回。如再加上蔡氏别撰的《慈禧太后演义》和增订的《中华全史演义》，则将达到七百二十四万余字。其规模不可谓不大，诚无愧为巨帙，而蔡氏所经辛劳艰难，亦足令后人景仰矣！至其写作成书问世的次序，则以由近及远和写作条件成熟与否来定。它们的次序是：清史、元史、明史、民国、宋史、唐史、五代史、南北史、两晋、前汉、后汉等十一部。

蔡东藩对《历朝通俗演义》中的每一部书都撰有自序。这些序不是装点门面的泛泛之作，而是他集中表述其通俗史学观点的重要资料，是应该认真研读的。从序中的一些论述足以见这些演义著作的主旨和体例。蔡东藩为了撰写这套书曾博览正史稗说，融会贯通，出以真实通俗笔墨。他在各序中一再声称："事必纪实，语不求深，合正稗为一贯，俾雅俗之相宜"(《后汉演义》自序)。"以正史为经，务求确凿。以轶闻为纬，不尚虚诬"(《唐史演义》自序)。他陈述自己的写作目的是"但以浅近之词，演述故乘。期为通俗教育之助云尔"(《前汉演义》自序)。他要求自己对一朝重大史事不遗漏。如对前汉史事的论述是"所有前汉治乱之大凡，备载无遗"(《前汉演义》自序)。而元朝是史事繁杂，又不为一般人所熟悉，所以他用力特勤，自称："事皆有本，不敢臆造，语则从俗，不欲求深。于元代先世及深宫轶事，外域异闻，凡正史之所已载者，酌量援引，或详或略。正史之所未载者，则旁证博采，多半演入"(《元史演义》自序)。《元史演义》是蔡东藩融合中西史籍的力作，史料的搜集和考辨的功力甚深。吴泽先生曾撰《蔡东藩〈元史演义〉的史料学研究》一长文，分回进行详尽的辨析，肯定了蔡东藩"对正史、稗史之间的'异同'处，做了一番审慎的'考异'、'参证'和'兼收'、'并蓄'的工作的"。蔡东藩对历史是持论公正而不为时论所左右，如对流传市肆间的私家杂录就"窃不能无慊于心,憬然思有以矫之"。于是当为清史定位时,即做出了自己的论断说:"革命功成,私史杂出。排斥清廷无遗力,甚且摭拾宫闱事,横肆讥议,识者喟焉。夫使清室而果无失德也,则垂之亿万斯年可矣。何至鄂军一起,清室即墟?然苟如近时之燕书郢说,则罪且浮于秦政、隋炀。秦、隋不数载即亡,宁于满清而独永命,顾传至二百数十年之久欤?"(《清史演义》自序)充分体现他写历史演义必须写历史真实的观点。

尤其令人敬佩的是,蔡东藩勇敢地突破当代人写当代史的种种阻塞而秉笔直书。他在《清史演义》自序中说:"至关于帝王专制之魔力,尤再三致意,悬为炯戒。"《清史演义》着手于民国四年秋,正是袁世凯筹办帝制甚嚣尘上的时候。而成书的次年秋,又是袁世凯自毙之时。这不是巧合,而是作者有意识的行为。从中也能约略窥知撰者为什么把《清史演义》的写作提到第一位的奥秘所在。而自序中的词语也正是作者对"洪宪帝制"的历史鞭挞。民国十年正是"直皖战争"给民众带来兵燹灾祸之际。蔡东藩更运其如椽之笔,进一步地投枪于军阀统治的黑暗现状。他在自序中对民国十年来的政治状况做出历史的总评说:"自纪元以迄于兹,朝三暮四,变幻非常。忽焉以非为是,忽焉以是为非。又忽焉而非者又是,是者又非。胶胶扰扰,莫可究诘。绳以是非之正轨。恐南其辕而北其辙,始终未能达到也。"继之,他历数民元以来的动乱不宁,更明确表达其正直的史德说:"窃不自揣,谨据民国纪元以来之事实,依次演述。分回编纂,借说部之体裁,写当代之状况。语皆有本,不敢虚诬。笔愧如刀,但凭公理。我以为是者,人以为非,听之可也。我以为非者,人以为是,听之亦可也。"史家应有风骨,于此可见,亦无怪乎军阀武夫为之惧,而出以威胁之劣行!

蔡东藩在历史编纂法方面,也做出了重要贡献。他的著述虽以"演义"为名,但并不是相沿所谓的"演义体"如《东西汉演义》、《三国演义》等。他不满意《三国演义》之类的演义书。他在《后汉演义》自序中,曾有所评论说:"若罗氏所著之《三国志演义》则脍炙人口,加以二三通人之评定,而价值益增。然与陈寿《三国志》相勘证,则粉饰者十居五六。寿虽晋臣,于蜀魏事不无曲笔。但谓其穿凿失真,则必无此弊。罗氏第巧为烘染,悦人耳目,而不知以伪乱真,愈传愈讹,其误人亦不少也。"蔡氏就以此观点指导整套通俗演义的写作而自成一"新演义"体。"新演义"体的特色是:

博览群籍，广搜史料。文笔力求通俗，叙事端在真实，间入稗史，要不得脱离历史正轨。他还采用夹批、后批和注释等手段，以发挥自己的史观、史识。这一"新演义"体裁，很适于普及历史知识，供社会教化之助。颇便于以国史回归国人，鼓呼民气，尽史家之职责。所以，对"新演义"体固不得以小道视之，而当誉之为通俗史学，并堂皇列位于史部之一目。后之以历史为题材而着笔为历史小说者，何不取法乎此？等而下之，其戏说历史，亵渎历史者流，亦当自愧于先贤！

总之，蔡东藩以十年寒窗之功，囊括两千余年史事，成《历朝通俗演义》十一部六百余万字。其有功史学自不待言！其对后世的影响，也凿凿有据。不仅有多种版本，巨大印数，为众多读者所喜读，也为一些中小学采用作教学补充读物。当1936年该书出版第四版时，江苏省立南京中学校长张海澄曾函告会文堂说："《历朝通俗演义》于中等学校学生文史知识，裨益非浅。用特采作课外补充读物。"甚至如毛泽东这样具有丰富历史知识的政治人物，也在外侮日亟、山雨欲来的抗战前夕的1937年1月31日致电李克农，求购《历朝通俗演义》两部，作为床头翻读之书。至于蔡东藩对历史演义的创意与成就，更应该受到后世的尊崇和仰慕。尊之为通俗史学家，谁曰不宜？当然，蔡东藩的历史观点，也不无可议之处。如对妇女的看法，对太平天国的评论，对现实政治的缺乏足够认识，等等。这些不能不说是由于时代的局限和乡居陋巷的闭塞所致，似乎不宜多加苛求。

悲欣交集李叔同

当和尚的情况并不一样,有因触犯刑律出家免祸的,如水浒传中的鲁智深;有因家境贫寒被家人舍身为僧的,如一般寺庙中的小沙弥;有参透人生,悟道为僧的。原本有一定学术根底,又精研经律轮三藏的,则是由儒而僧的儒僧。和尚中被称为高僧的,有不少人出身于儒。但在儒佛两道都有成就的却为数不多。在这一点上,我很景仰的有两位:前有屈大均,后有李叔同。

屈大均生活于明清之际,他在明朝(包括南明)生活了二十一年,仅仅是个秀才,算不上明朝的遗老。在清朝生活了五十年。但一直采取不合作态度。始而以儒者面目出现,传播儒家传统文化。继而又遁迹方外,以传统的逃禅方式来对抗新政权。我看屈大均当和尚似乎不存在"忠明"的问题,主要原因是他深受儒家"华夷之辨"的影响,视清朝为异族。既不肯臣服,又无力反抗,于是就利用逃禅的身份,以语言文字来保存和宣传华夏文化。这种行为当然不容于现政权，但在屈大均生前，清政府还忙于平叛定乱的重大问题，遂使屈大均逃脱了灾难。可在身后，仍然遭到乾隆的明令挞伐。上谕中曾痛斥逃禅的金堡和屈大均"诡托缁流，均属丧心无耻"。屈大均虽遭乾隆的冥诛，但仍能以他的名著《广东新语》和《屈沱五书》等传世，成为岭南儒家文化的重要代表人物。

李叔同学名文涛，叔同为其字。出生在清光绪六年（1880），处于清末民初，上距屈大均的出生整整二百五十年（1630—1880）。他们有若干相似处，如同处于改朝换代的社会转型期。一个由明到清，一个由清到民国。他们自幼饱受儒家经典教育，都有较深厚的儒家文化底蕴和名著传世。屈有《广东新语》，李有《前尘影事集》。他们的周围都有一批博学多识的精英。屈与著名学者顾炎武、朱彝尊、阎若璩和毛奇龄等多有往还，相互切磋求真求实之学。李则与王仁安、夏丏尊、孟广慧、丰子恺、马一浮等为师友。他们也都性好游历。屈以南人曾北游京师，周览辽东，西涉山陕。李则以北人旅居沪滨，东渡扶桑，布道浙东南闽。综观他们的一生，都无愧于儒僧之称。

但是，他们在相似中也还存在着很大的不同。虽然彼此都经历了社会转型期。可是屈所经历的是从一个封建王朝到另一个封建王朝。而李则是经历了结束封建制度走向共和国的转型。李所承担的社会冲击力自然要大得多。屈主要继承儒家文化。李则不局限于儒家文化，还对佛学、西学、美术、戏剧以及诗词等学无不博涉旁通，较之屈氏眼界更为开阔，思辨力更为深入。李氏的交游也不仅是古学之士，而是社会各方人士。有饱学儒士，有文人骚客，有艺人名妓，有释子名流。这些方方面面的影响铸就了李叔同的各种才能，所以他能不拘小节地潇洒风流，他能吟诗填词绘画作书，他能粉墨登场唱京戏演话剧，真正成为"津沽风流在叔同"的具有传奇色彩的人物。

李叔同与屈大均的最大不同处在出世道路的不同，也就是为什么由儒而僧。屈大均的为僧纯出于民族界限。清顺治八年（1651），当他二十一岁时，清兵围广州。屈为表示与异民族政权的不合作，即削发为僧。法号今种。李叔同的出世道路非常漫长，几乎是尽一生精力进行层次升华。他的入室弟子丰子恺曾用自己对人生的理解来分析李叔同的层次升华。丰子恺说：

> 我以为人的生活，可以分作三层：一是物质生活，二

是精神生活,三是灵魂生活。物质生活就是衣食,精神生活就是学术文艺,灵魂就是宗教。"人生"就是这样的一个三层楼。

丰子恺认为人生就是在爬这样一种楼,但他认为不是每个人都能爬到顶,也不是每个人都要循层而上。他在1957年发表的一篇文章中认为李叔同的升华道路就是从一楼循层而上到三楼的。他分析说:

> 弘一法师是一层一层走上去的。弘一法师的"人生欲"非常强!他的做人一定要做得彻底。他早年对母尽孝,对妻子尽爱,安住在第一层楼中。中年专心研究艺术,发挥多方面的天才,便是迁居在二层楼了。强大的"人生欲"不能使他满足于二层楼,于是爬上三层楼去,做和尚,修净土,研戒律,这是当然的事,毫不足怪的。

丰子恺还用喝酒打比方。酒量有大小,酒的品类也不同。李叔同的酒量大,必须喝高粱酒才过瘾,也就是必须到达三层楼才能满足他的"人生欲"。时隔四十余年,金梅先生于2000年为《李叔同——弘一法师影志》撰文时也把李叔同的一生划分为三大时期。

即才子期、艺术教育家期和高僧期。虽说法不同，但与丰氏说法的精神是一致的。从李叔同一生所走过的道路来看，丰、金二氏的分析是合乎李叔同人生实际的。他们的议论也比较平实而不虚夸。但是，我认为不如把李叔同的一生分为在世和出世两期更显示转变的明确。因为丰、金二氏所定的前两期是李叔同徘徊、探求人生的时期。许多时候都是在一二层楼上上下下，可合并为在世期。而到1917年底，他在虎跑见友人彭逊之出家，大为感动，遂拜了悟和尚为师。了悟为其取法名演音，法号弘一。次年（三十九岁）秋，李叔同在西湖虎跑定慧寺正式剃度，入灵隐寺受具足戒为僧，并以法号弘一行世后，他的人生从此发生了一次大超越，进入其人生的出世期。在世、出世虽是两大时期，但却不是截然分开的。在世期所经历见闻的各种苦难所酿造的苦酒，被他慢慢地啜饮下去，推动他向解脱尘世纷扰的境界跑去，终于进入出世期。他清醒地看待自己的一生，临终时所留下的"悲欣交集"四字，就是他参透人生，最后彻悟的总揭示。他想到在世期的种种坎坷不平和人间百态，不觉悲从中来。但又想到自己能以慧剑斩断纷杂无绪的种种情思，一切烦恼涣然冰释而欣悦无比，于是安然升西。

李叔同不论在世、出世，一直以一颗赤红的心悲悯护爱周围的一切。他同情母亲的身世，怜惜母亲在家庭中的卑下地位，所以一生尽孝来填补母亲的生活空缺。当母亲早逝后，他改名为哀，号哀公。这种悲哀一直延续到他出家。他爱自己破旧的国家，以激越的心情歌唱祖国，写下了《祖国歌》、《我的国》和《大中华》等主题鲜明、感情充溢的歌曲，不仅流行于当时，而且传留于后世，至今犹作为校园歌曲在传唱。他爱朋友，和夏丏尊结为挚友。夏丏尊的《爱的教育》给当年无数少年以爱的培养，应该说与李叔同的爱心有一定关联而引为同调。他的学生丰子恺的《护生画集》，秉承师脉，呵护生灵，启示人们应有仁人爱物之心。他旅居沪滨，与当地名士许幻园、袁希濂、蔡小香、张小楼等相交默契，结为金兰之好，称"天涯五友"，不时杯酒唱和。他走马章台与名妓歌郎过从来往，并非单纯沉浸于欢乐，从他的赠名妓谢秋云诗中可见痕迹。诗云："冰蚕丝尽心先死，故国天寒梦不春。眼前大千皆泪海，为谁惆怅为谁颦？"这首诗透露李叔同对风尘人物的同情爱怜，也流露出他的忧时愤世。待他出世后，又恪遵戒律，清苦自守，说法传经，普度芸芸众生。他寻求的虽是一条消极之路，但确实抱着一片爱心引导同好者由此岸走向彼岸，用心至善！

1942年秋，李叔同以弘一法师的身份卒于泉州不二祠温陵养老院，时年六十三岁。他吉祥西去留给后人无限哀思。人们同情他起起伏伏的传奇一生。释家钦敬他重振南山律宗这一绝学。坐化后，遗骸分在泉州清源山弥陀岩和杭州虎跑寺两处建舍利塔，供僧俗瞻仰礼拜。有关他的诗文撰作，屡见不鲜。1980年，赵朴初居士为弘一法师李叔同百年诞辰所写献词尤能概括法师的一生，诗云："深悲早现茶花女，胜愿终成苦行僧。无数奇珍供世眼，一轮明月耀天心。"研究著述也相继问世。年谱、传记、全集、文集，不一而足，多为论述详尽、搜罗较丰之作，不过均以文字出之，对法师主身行事，缺乏形象感觉，似抱微憾。左图右史本为我国记事之优良传统，图文并茂尤为读者所喜爱。近代摄影技术早已传入我国，晚清以还，更行普遍。法师僧俗影像当不在少数，以往每读法师诗文而无图像对照，时望有识之士广事搜罗，成一影集，以飨仰慕者，如亲謦欬。后见沪上有影集出版，惜欠充实。2000年为法师一百二十年诞辰，其故乡天津举办纪念会。我有幸获天津地方志办公室所编《李叔同——弘一法师影志》一书。读其行事，见其影像。一生踪迹，跃然纸上，欣悦无已，读之者再。

《李叔同——弘一法师影志》始编于1998年，集津门"弘学"研究者，群策群力，历时两年余。共收录照片五百五十余张，撰文十二余万言。另附照片说明，使全书构成以照片为主，以文字为辅，以照映文，图文并茂，特色鲜明的格局。照片内容包括法师影像、书法篆刻作品、书信、驻锡过的寺院以及有关著作的书影等，是一本颇为完整充实的影志。全书按李叔同一生两大时期分为在世与出世两篇，按时间顺序记事。文字清新可读，随文插图，井然有序。末有后世篇为全书附录，以编年体记述法师于1942年化去后之遗响余韵，可备研究"弘学"之参考。此书有英译目录及序言，以便域外人士了解，与时代要求相合。全书不过十余万字，设能全译而对外介绍，使法师更具世界性意义，岂不大善？如条件欠备，何妨将照片简要说明英译，亦有助于西方人士之阅读影志。

袁寒云和宋版书

六十多年前，常听老辈谈起袁寒云这个人。给我的印象，他是一位能琴棋书画、好声色犬马的风流才子。后来知道寒云是袁世凯次子袁克文的号。袁克文曾用过豹琴、抱存、抱公等署名，不过以寒云署名多而为人所知。他的母亲是一位朝鲜女子。清光绪八年，袁世凯随吴长庆的淮军入驻朝鲜时，曾纳朝鲜女子金氏为第三妾而育克文。克文生于1890年7月16日。后来袁世凯又将克文过继给第二妾沈氏抚养。克文幼年时曾受教于当时的知名学者方地山、沈宾古，学习文章诗赋。他天资颖悟，不仅在文学上达到一定的造诣，而且还擅作书画，能演京剧，以文丑著称。他还是一位古物珍籍的收藏家。

袁克文在袁世凯推行"洪宪帝制"时，曾一度盛传将被立为"储君"，以致为其长兄袁克定所嫉，遂有曹丕、曹植相煎之说。"洪宪帝制"失败后，他移居天津，并在上海构筑香巢，更加沉溺于声色，又嗜吸鸦片，家道日衰，以致靠出售藏品和鬻字维持生计。袁克文在上海时曾参加秘密社会的青帮组织。因他身份特殊，被列为当时辈分较高的二十一世"大"字辈，曾独开香堂，招收弟子。后因冒滥者众，于是在报端刊登"门人题名"，以清理门户。他还在天津开堂收徒。在这段时间，他写了《洹上私乘》、《辛丙秘苑》和《新华私乘》诸作，为其父袁世凯的行事辩解。

袁克文虽是一位纨袴公子，但并非只会风花雪月，而确具实学。他收藏古籍，经眼丰富，又深谙版本目录之学。他搜求到的近三十种宋版书，因家境日困而旋得旋失。不过他对所收藏、经眼的宋版书均有手写提要，后汇集为《寒云手写所藏宋本提要廿九种》。其中如所藏《群经音辨》、《李贺歌诗编》、《隋书》、《新编方舆胜览》、《韦苏州集》、《册府元龟》、《北山录》和《后村居士集》都是著称后世的著作。其他各种也都很有工艺与学术价值。

袁克文对这二十九种宋本图籍都撰写详细提要，叙各书得书缘由、刊印时间、缺卷残篇、避讳字样、行格藏章、刻工姓名、著录同异、版本辨证等。虽然这些宋本原书一时难睹其全，却可借二十九种提要而略窥一二。袁克文手写之宋本二十九种提要稿，于其卒后由著名藏书家周叔弢为之影印。但未著出版处所和定价等，想系私人斥资，分赠同道。书由方地山题签。卷末有方地山题跋纪其始末说："寒云既鬻所藏宋本。一日，携此册付我，相与太息，有蒙叟挥泪汉书景象。辛未春二月，寒云化去，叔弢见过，偶语及此，许为影印。皕宋书藏，散落人间，仅此区区，为同嗜谈助耳！"查辛未春二月当为1931年3、4月间，而寒云卒于1931年3月22日，正辛未二月初四日，可见是书当影印于寒云谢世后不久。唯印数不多，今已难得其影印本。我曾在天津师范大学图书馆获观此件。

袁克文遁迹津门后，生活潦倒，而挥霍奢靡如故，旧日故人也难以资助，终致中年早逝，仅得年四十二岁。卒后家无余财，幸得帮会弟子醵金料理埋葬。袁克文遗有三子一女。其第三子袁家骝及媳吴剑雄皆为驰誉世界的科学家。

徐志摩和他的日记

日记和日记文学，既有同，又有异。同者都是编写者按日记述个人生活、情感、思绪和社会活动等内容。异的是前者纯为个人备忘忆往而作，生前并不用以示人。有的经后人发现，因其有价值才出版问世的。文字有可能简略疏括，但却是感情的真实表露，所以鲁迅先生很看重这类日记，认为它不"摆空架子"，"可以看出真的面目来"，"是日记的正宗嫡派"。而后者虽仍以个人行事为题材，但却经过编写者刻意加工，有意添枝加叶，文字也有所藻饰，并由编写者生前正式发表，以一种文学创作体裁，供人阅读欣赏的。而能包含二者优点的则是徐志摩的未刊日记。所以陈子善先生在为《徐志摩未刊日记（外四种）》所写的序中说：

> 徐志摩的日记，既是这位中国新诗坛祭酒毫不作假的生活真录，即真实的日记；同时也是优美隽永的散文作品，即上乘的日记文学。两者合二为一，这是十分难得的。

徐志摩未刊日记是从中国流向日本，经过美国而又回归故国的珍贵遗物。它又是海宁地方文献研究家虞坤林先生从收藏者陈从周先生家中搜求到并整理成书的。在探讨本书之前有必要先说说这位整理者。虞先生是一位勤奋好学、自学成才的普通学人，不慕荣利，穷全力于海宁地方文献的搜求、整理与研究，特别对当地名人书信与日记的搜求与整理，更是情有独钟。我有幸在海宁与虞先生有一面之雅，很难想到这样一位朴实无华的普通学人在极为困难条件下做了很多人都难做到的大事，不仅辗转搜寻到徐志摩的未刊日记加以整理，还订补了某种已刊日记，合成为《徐志摩未刊日记（外四种）》。这是连《徐志摩全集》都未能全部包罗的徐志摩日记的最完整版本。

徐志摩未刊日记包括两种。一是1911年所写的《府中日记》。那年正是辛亥革命爆发的前一年。志摩刚十四岁，考入杭州名校府中。但其日记文字已经很老练，内容也多是成年人的行事，远远超过他年龄应有的水平。从书中插页的手迹看，书法也相当工整，笔笔到位。这份日记从正月二十日记起，到六月二十二日止，共五个月零两天。日记是写在印好的格式纸上，分列若干项目，如阴阳历、干支、曜日、气候、授课细目、自修课程，中间有六直行供记事。这所学校设有许多课程，有英文、算数、国文、历史、地理、博物、讲经、官话、修身、图画和体操等，不比现代中学课程弱。在该书第六十二页附有一张"授课时刻表"。每周六天，每天六节，排得满满的。课程设置很注重英文、算数，可以看出当年中学教育的维新趋向。学生生活也比较宽松，根据记事，徐志摩交游很广，而且像大人那样不时约友到茶社品茗、聊天、游乐。从这些记事中，可以看到徐志摩少年时代生活的方方面面。

这所学校的教育方针似乎很注重学生的思想发挥，考试也不是注解式的是非问答题，而是写一些各抒己见的答卷，如国文课考题是《西湖风景多矣，春日晏游，更饶乐趣，试各举其所最赏心者》（三月三十日），讲经课考题是《颖考叔纯孝，石碏纯臣，二人之优劣究如何，试论之》（四月初八日），其他如博物、修身、地理诸课，亦多类此（六月二十一、二十二日），其官话一课似指普通话，而体操又分军操与普操。从这些措施看，确让人对府中有一种新鲜感。

世人多以徐志摩是一个浪漫飘逸、不拘小节的人，实则从日记来看，他是一位严于律己、热血激昂、豪情满怀的好少年。他在二月二十三日的日记中谴责友人的私行不检，四月初五又愤愤一次革命军起义的失败，呼号"有血性，有义气之同胞"，推翻清朝，使"中国能称雄于世界"，四月二十三日更填《滚绣球》一词，抒发其"双手扭转南北极，两脚踏破东西洋"的豪情壮志。徐志摩还在日记中留下若干美文式的记事。四月二十四日，他和友人游飞来峰，"再入则林木深峦，景自天然，迥非俗地。又数武，则奇峰突峙，怪石峥嵘，石佛数百尊，随山上下，斯真奇景。山之下，石室辟焉。入内则凉风侵骨，迥非初夏之候，寒气袭人，竟有衣单之虞，台顶小孔，微露光芒，所谓'一线天'者是也。更数武而冷泉至，泉出石罅，声隆如也，涉手其中，寒若冰雪"，这段记事虽有词重之不足，但出自十四岁少年信笔之文，衡之今之同龄少年，恐难企及！

整理者还将日记前所抄录的古体诗词和日记后所抄录的北美游记四篇，辑为《府中日记诗文钞》附于《府中日记》之后。古文诗词除少数注明抄录出处外，其他尚待考订，但仍可从中判断徐志摩的文学欣赏水平。北美游记四篇是录自《谦本图旅行记地理读本》（孙毓修译，商务印书馆1908年刊本）。

《留美日记》是未刊日记的另一种，同为陈氏藏本。这是徐志摩于1919年留美时所写，起于1月26日，止于12月21日，几近一年。当时正值世界大战结束，巴黎和会召开和五四运动爆发之际，而徐志摩也已进入青年时期，所以这部日记比前者更见思想成熟，文字凝重。

读这部日记让人更深层地认识徐志摩的人品和思想。志摩是一个爱国者，他参加了各种有爱国抗争意义的集会。六月二十二日，他在参加一次有华人参与的夏令营时，曾记下自己的爱国思想说："此来盖为有多数国人会集，正好借此时机，唤起同仁注意。五月四日以来，全国蜂起情事，国内学生已结有极坚强、极致密之'全国学生联合会'，专诚援盾外交，鼓吹民气，一面提倡国货，抵制敌货。吾属在美同学要当有所表示，此职任所在，不容含糊过去也。"徐志摩在美国那样的花花世界里，仍然严于律己。他在八月六日的日记中有过这样的反思说："昨晚有女子，唱极荡亵，心为一动，但立时正襟危坐，只觉得一点性灵，上与明月繁星，遥相照应。这耳目前一派笙歌色相，顿化浮云。那时候有两种心理上感动：第一是领悟到自负有作为的人，必定是庄敦立身，苦难生活。Take Life Serious（认真对待生活），决计不可随众逐流，贬损威信。第二是想到心地光明，决计不可为外诱所笼罩，盖渎神明。"

日记中还记下与他有所交往的人，如胡适、李济、蒋廷黻、吴宓和洪煨莲等人。这些人后来都成为政、学两界的知名人士。他于十月三十日在《密勒评论报》上读到赞扬革命烈士马骏一文，非常激动，肯定地说马骏是"此次天津风潮领袖，此人果有英雄气"。徐志摩在七月二十日的日记中又曾写下一大段有关环保的议论说：

> 想起社会卫生问题，将来实施起来，着实有些棘手。水是第一难题。就家乡说，常年的疾病瘥疠，太半是水的缘故。市河里的水，虽然流通，真不知龌龊到什么田地？这一家正在淘米，上流那一家在那里净桶。不要说别人家，我就是这样子吃大来的，其实难堪！还有许多袜厂，不顾公德，在上流把颜料都洗在水里，换一句说，就是轻轻的下了些毒，全镇人民都服了毒！谁禁止他去？到了夏天，更不得了。一个月不下雨，河底就向天。全镇的人都免不了挑臭水吃，凭你怎样的下矾，也干净不到哪里去。每立方水里面，要是用显微镜一查考，不知容纳了沙数的微菌……

这种超前意识的体现，不啻是当前呼吁环保的一纸檄文，真令人钦佩不已。

这两部徐志摩未刊日记的被挖掘与整理，对于研究徐志摩和中国近代文学史都有重大参考价值，它使得被影视戏剧扭曲了的徐志摩形象得到纠正，让人们能透过日记，看到徐志摩纯正品格的另一面，让文学史上有一个完整的诗人形象。同时起到了提供足资参考的真实史料的作用。

整理者没有满足于未刊日记的问世，而又选择已刊日记的最佳底本，重加校订，使徐志摩的爱情生活得到更完善的表述。整理者并把这四种已刊日记作为外四种附于未刊日记之后，合成一书，题为《徐志摩未刊日记（外四种）》，正式出版。整理者将凡能找到的徐志摩日记，按不同情况进行整理校订，确定为徐志摩日记的最佳版本。我们不仅要对这份珍贵资料善加利用，更期待尚未找到的《留英日记》能早日发现，使徐志摩的全部日记能完整无缺地呈现于社会！

〔附〕
拜访徐志摩故居

诗人徐志摩由于他的新诗创作接近时代，又时有爱情婚姻的故事流传，所以颇为人知。早在几十年前我读中学时，课本中就选入他的《再别康桥》。我也读过他的《爱眉小札》，很缠绵动人。后来在极左思潮影响下，徐志摩自然不再有人过多谈及，声名逐渐黯淡。20世纪80年代，随着大形势的变化，徐志摩似乎渐有起色，徐志摩的著作和研究他的著述有多种问世。尤其是在世纪末徐志摩和林徽因的恋情故事，不仅有文字的渲染，还见诸荧屏。徐志摩被炒得越来越红。许多人也提到他在家乡海宁的故居。我也期待着有机会看看他的故居。今年五月，我应邀到海宁，参加中国第一个正式以图书馆命名的县级图书馆的百年纪念庆典。虽然我仅仅逗留了三天，但我终于实现了参观徐志摩故居的夙愿。

徐志摩在海宁有新老两宅，都在硖石镇上。老宅在保守坊，是祖居，是徐志摩的出生地。我去参观的新宅在干河街，1926年，徐父虽不满志摩与小曼的婚姻，但舐犊情深仍为他们特意建造这座新居。这是一座中西合璧，有六百多平方米的小洋楼，被徐志摩昵称为"香巢"。志摩和小曼的新房在"香巢"的二楼，是前后间。卧室的陈设虽然属于新派，但比较简单，仅有一床、一桌、一柜、一台而已。起坐间有沙发，壁上悬有"眉轩"二字，可以想见他们曾在这里度过多少个一生中最刻骨铭心的甜美而缠绵的时光。新宅在浩劫中除了原来中厅所悬梁启超的题匾被砸，现已换成启功先生所题"安雅堂"匾外，似乎没有受到更大的破坏。地上所铺的德国制造的彩绘地砖仍是当年的旧物。楼后小天井里的一口水井，也是旧物。志摩曾借物思人，在这里发出过期待小曼的呼唤："眉！这一潭清冽的泉水，你不来洗濯，谁来？你不来解渴，谁来？你不来照形，谁来？"楼里有几间展室，常规地展出了徐志摩的生平诗作和婚姻生活。其中最引人注意的是梁启超在徐陆婚礼上以证婚人身份所作的训词。梁启超在这篇古今罕见的训词中说：

> 志摩、小曼皆为过来人，希望勿再作过来人。徐志摩！你这个人性情浮躁，所以在学问方面没有成就。你这个人用情不专，以致离婚再娶……陆小曼！你要认真做人，你要尽妇道之职。你今后不可以妨害徐志摩的事业……你们两人都是过来人，离过婚又重新结婚，都是用情不专。以后要痛自悔悟，重新做人！愿你们这是最后一次结婚！

这番义正词严的训话，确是梁老夫子爱之深，责之切的由衷之言。每个字都很有分量，都击中两人的要害，可惜日后他们的行事却让老先生失望了。

海宁是个名人之乡，有很多名人故居，如王国维、张宗祥、徐邦达，等等。我也都逐一进行访谒，给我的只是一种崇敬仰慕之情。唯独徐志摩故居所能给我的，却是错综复杂的感受。我仰慕他的才华，为他对爱的痴情感动，为他留在人间的优美散文和诗作而欣羡，又为他英年早逝而哀悼。种种情怀，让我难以忘怀这次海宁之行。如果我有机会能再来海宁，我一定会再次流连于徐志摩故居，细细地谛听诗人的吟哦和眉轩中志摩和小曼絮絮不断的情话。

2004 年 5 月 18 日写于海宁宾舍

一代译才朱生豪

一提起中国近代的翻译家,人们很容易想到严复和林纾。他俩一以译理论著称,一以译文学享誉。但在辛亥革命那年出生的一代翻译奇才朱生豪却被多数人所遗忘。朱生豪虽不如严、林名高,但究其贡献足与严、林鼎立而无愧。严译理论著作难与并论,林纾不通外文,仅凭耳听口译捉笔成文,而朱生豪则兼擅中英文字,所译又为世所公认的难点——莎士比亚的剧作,成就确乎超越前人。可惜天夺奇才,中道夭逝,给人间留下无限遗憾!

朱生豪出生在浙江嘉兴一个贫苦家庭中,他是在国忧家愁的凄风苦雨中艰难地拖着沉重的步伐走完了短暂的一生。他于1933年毕业于之江大学后,即入世界书局工作,编订《英汉四用辞典》。该局英文部负责人詹文浒看到这位刚过弱冠之年的年轻同事的才华,就鼓励他译莎士比亚的剧作。朱生豪毅然肩负起这一重任,开始做大量的翻译准备工作。他搜集不同版本，参阅各家注释考证，反复阅读莎剧十余遍，以撷取原作的神韵。经过两年的前期工作，1935年，他开始译作。次年秋，《暴风雨》脱稿。接着，又译了《威尼斯商人》和《仲夏夜之梦》等剧作。正在锐意拼搏之际，1937年8月13日，日寇侵犯上海，他的财物和书稿，包括七卷译稿和几集新旧诗词的未刊稿均毁于炮火。次年，他为实现自己的宏愿，又回世界书局工作，继续译书。1942年，他和相爱十年的知己宋清如结婚，给他即将灯尽油干的生活注入了新的活力。可是其生有涯，呕心沥血的奋战耗尽了他的精力。1943年冬，这个"古怪的孤独的孩子"终于抵挡不住贫病交加的岁月熬煎，怀着对相濡以沫的爱妻的眷恋，抱着伟业未竟的遗恨，离开了魑魅魍魉横行的世界，年仅三十二岁。他在短短八年中，过着还不如颜渊的愁苦生活，竟然译完了《莎士比亚全集》约五分之四。这是何等沉重的负荷！对于一个长期处于清贫忧惧生活中的体弱多病青年，又是何等的艰难！生而为英，死而为灵。一代翻译奇才匆匆地赍志而殁。但是，他的心血凝聚成不朽的伟业。他译完了莎剧二十七种，包括喜剧、悲剧和历史剧三辑，使西方古典文化的瑰宝接近全部地为东方古老的文化宝库增添了养料源泉。

朱生豪的译笔为后学留下了最佳的典范。他不拘泥于原作的字句，而力求表达原作的神韵。他研究人物的身份性格，力求以原作者的气质来调动语言。他讲求音调铿锵、文字流畅以表述原作的意趣。他在译成之后，反复修改，字斟句酌，尽力避免词意晦涩。朱生豪诚无愧于身后几十年所得到的"译界楷模"的赞誉。

论朱生豪事业的成就还不能遗忘那位在一个成功男人背后的女人——他的贤淑的妻子宋清如。宋清如1932年入之江大学，成为朱生豪的低班同学。她是一位温柔美貌的才女，能诗善文。她的学术素养与朱生豪不相上下，但她奉献自己的挚爱，毅然在艰辛的岁月里以一位富家小姐下嫁给这位纯真的寒士。她与朱生豪颠沛奔波而无怨言，对清贫生活安之若素。在短短一年多共同生活中，她默默地付出了难以估计的代价。

朱生豪夭逝后，她沉浸在痛不欲生的悲哀中，但她抑制哀痛，承担丈夫留下的两大遗业：一是抚养他们的爱情结晶，二是继续完成他们的心血结晶——整理、修订遗稿，为出版奔走呼号。1947年，世界书局先后出版了朱译《莎士比亚剧全集》三辑。1954年人民文学出版社修订出版了朱译《莎士比亚戏剧》。1978年经过补译，《莎士比亚全集》的中译本终于问世。朱生豪的遗孀宋清如捧着新版全集《暴风雨》卷在嘉兴西里河畔朱生豪墓前焚化。她沉痛地跪着向早逝的丈夫泣诉：她完成了后死者应尽的责任。她替丈夫看到了共同宏愿的实现。宋清如这位伟大的女性为"中国翻译界一件最艰苦的工程"贡献了漫长的一生。她的名字理当与翻译界的一代奇才朱生豪共同镌刻在《莎士比亚全集》中译本这块丰碑上。